大人の
自由時間
mini

効く筋肉が
見える筋トレ図鑑

自重トレーニングで30才の体を取り戻そう

比嘉一雄 著

技術評論社

はじめに

Introduction

本書を手に取ってくださたった方は少なからず、自分のカラダを「健康に」もしくは「カッコよく」変えたいと思っているはずです。そんな思いを実現するためのキーワードが「筋肉」です。

　健康寿命を延ばすために、いくつになっても筋肉を鍛えることが大切なことは広く認知されました。最近は、高齢者の生活改善のために筋トレが取り入れられるようになったことはご存知の方も多いでしょう。まだそんな年齢じゃないよという方も、40代、50代となると若いころとは体が変わってきたことを、自分が一番よくわかっているはずです。筋肉量は30歳を過ぎたあたりから毎年1％ずつ、50才を過ぎると毎年2％ずつ減少していくといわれています。いま始めるかどうかで、あなたの将来に大きな違いが出てくるのです。

　筋トレは目的の筋肉を意識することでより効果は高まりますが、はじめての人はどこにどんな筋肉があるのかも見当がつかないでしょう。本書はまず大切な筋肉を「目で見て」理解し、そこを強くするトレーニングを紹介します。それによって日常生活にどういう効果があるかがわかります。ジムに通ったり特別な器具を使わずにできる自重トレーニングですので、自宅ですぐ始められます。

　健康で自由に動ける体はいくつになっても新しいことに挑戦するための資本です。これからまだ先の長い人生をずっと活動的であるために、筋肉という資本を増やしていきましょう。

効く筋肉が見える筋トレ図鑑　[目次]

はじめに	2

Part 1 はじめての筋トレ　7

なぜ筋肉を気にするべきなのか	8
カラダと筋肉の関係を知る	10
年齢とともに減っていく筋肉	12
年齢に負けない体をつくる	14
筋トレの基礎理論	16
より効率よく筋肉を増やすやり方	18
[Column]筋トレすればやせられる？	20

Part 2 部位別 筋肉エクササイズ　21

エクササイズ名によく出る英単語	22
ストレッチの効果とウォームアップ・クールダウン	24
全身のおもな筋肉を知ろう	26

Training 1　腹・体幹の筋肉　28

ニータッチ・クランチ	30
チェア・ニートゥチェスト	32
チェア・クランチ	34
ヒールタッチ・クランチ	36
4フェーズ・クランチ	38
バンザイ・サイド・ベンド	40
ベント・レッグ・ツイスト	42
レッグ・ツイスト	43
サイドピラー・ヒップリフト	44
シッティング・サイド・ベンド	45

Training 2　胸の筋肉　46

パーム・プッシュ	48
ニーオン・グラウンド・プッシュアップ	50
プッシュアップ	51
ユニラテラル・プッシュアップ	52
ハンドクラップ・プッシュアップ	54

Training 3　腕・肩の筋肉　56

パーム・カール	58
タオル・アームカール	60
ライイング・タオル・アームカール	62
パーム・エクステンション	64
タオル・フレンチプレス	66
トライセップス・スタンディング	68
4フェーズ・アーム・スタンディング	70
タオル・エクステンション	72
デルタ・プッシュ	74
デルタ・ローテ	76
アッパー・ショルダー・プッシュ	77

Training 4　背中・体幹・首の筋肉　78

パーム・プル	82
タオル・ラット・プルダウン	84
タオル・ローイング	86
スパイン・エルボー・プッシュ	88

Contents

プローン・レッグ・レイズ	90
プローン・バック・エクステンション	92
グッド・モーニング	94
スカイダイブ・バック・エクステンション	96
頷き	97
顔上げ	98
横曲げ	99

Training 5
脚・尻の筋肉　100

スクワット	104
レッグ・スプリット・バウンド	106
バック・ランジ	108
ゴー・バック	110
シシー・スクワット	112
スパイン・ヒップリフト	114
スティッフレッグド・デッドリフト	116
ライイング・レッグカール	118
ワンレッグ・スティッフレッグド・デッドリフト	120
ワンレッグ・ライイング・レッグカール	121
Tレックス	122
ヒップ・エクスターナル・ローテーション	124
バック・スウェイ・ヒップ・スクワット	126
ジャンプ・ワンレッグ・デッドリフト	127
[Column]骨も鍛えられる？	128

Part 3 目的別トレーニングメニュー　129

スケジュールの組み方	130
腰痛を予防する	132
肩こりを軽減する	133
膝痛を予防する	134
姿勢をよくする	135
やせる	136
転倒を予防する	137
[Column]筋肉がつくと病気に感染しにくい？	138

Part 4 スキマ時間にできる筋トレメニュー　139

電車の通勤時間にできる	140
オフィスの椅子でできる	142
車の運転中にできる	144
トイレでできる	146
[Column]筋トレで部分やせはできる？	148

Part 5 より効果的な筋トレを行うために　149

自分でメニューを決める	150
有酸素運動を加える	154
食事を考える〜ダイエットと筋量アップのために	156

なぜ、筋肉の図が必要か

　トレーニングを行う際、最大収縮－最大伸張することが大切であると言われています。つまり、解剖学的に可動域いっぱいに動かすことが重要なのです。そのためには鍛えたい筋肉がどこからどこにくっついているかを知っている必要があります。決してその部位の名称を解剖学的に正しく覚える必要はありません。上腕二頭筋の長頭の起始が肩甲骨上結節で、短頭の起始が肩甲骨烏口突起であることを知っていても、きっとあなたがトレーナーでない限り、人生で何の役にも立たないでしょう。「ここからここについている」くらいを覚えておけばいいのです。

　しかし、その「ここからここについている」ことを知っているのと知らないのとではトレーニングの効果に、長い目でみて雲泥の差が表れてくるでしょう。そのために、本書は、トレーニングのページに筋肉の機能解剖図を掲載しています。それを見ながら、筋肉の収縮をイメージしながら行ってみてください。また、鏡を見たり、筋肉に集中することで、筋肉がより活発に動くことも実験で確認されています。その意味でも鍛えている筋肉を知り意識することは有効だといえます。

＊
本書に記載された内容は、情報の提供のみを目的としています。したがって、本書を用いた運用は、必ずお客様自身の責任と判断によって行ってください。これらの情報の運用の結果について、技術評論社および著者はいかなる責任も負いません。

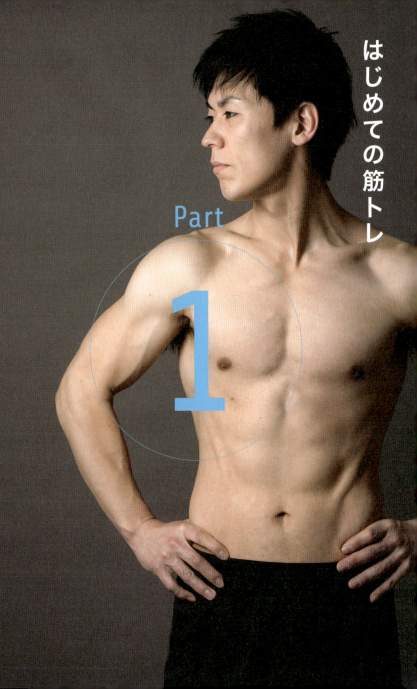

Part 1

はじめての筋トレ

なぜ筋肉を気にするべきなのか

仕事で体を使う人はもちろん、
現代ではあらゆる職業、年齢、そして社会的立場の人にとって
筋肉が大切だと言われています。なぜでしょうか。

「人生とは動くこと」

『Life is motion』。直訳すると「人生とは動くこと」。古代ギリシャの哲学者アリストテレスの言葉です。それほど私たちヒトにとって、体を動かすことは本質的だということでしょう。体を動かすことができる唯一の器官、それが筋肉です。筋肉と聞くとムキムキな人を思い浮かべてしまうかもしれませんが、老若男女誰もが持っているものです。人生が動くことなら、筋肉は素敵な人生をつくるための資本といえます。

高齢者が陥りやすいフレイルとは

みなさんは、**「フレイル」**という言葉を聞いたことがありますか？

2014年に日本老年医学会が提唱したもので、英語のFrailty（もろさ、はかなさ）という言葉から、高齢者の広い意味での「虚弱」のことを指します。加齢によるうつや、疲労、活動の低下、孤食、閉じこもりなど、さまざまなものを内包した「生きる力が弱くなった状態」を呼んでいます。

フレイルの改善には、加齢による筋力の低下の改善が中心になるといわれています。筋力の維持・向上によって活動を維持・増加させ、外に出ていけるようにすることによって、人とふれあい、世界との接点をもちます。それによって気持ちも元気になり、抑うつの改善につながる、というのです。

予防医学研究者で医学博士の石川善樹氏は、「人を最も長生きさせるのは人とのつながりである」と提言しています。それによると健康や長寿に効く要因として、「太りすぎない」「体を動かす」「お酒を飲み過ぎない」といったことよりも、「人とつながる」ことがもっと大きな影響を与えるというのです。

筋肉は幸せをつくる

筋肉は幸せをつくるともいわれています。もちろん、直接的ではありません。

| 筋力が小さい |

| 疲れやすい |

| 家にこもる |

| 内向的・パッシブ・ネガティブ |

| 筋肉が多い |

| ピンピン動ける |

| 外に出る |

| 外交的・アクティブ・ポジティブ |

Why should we worry about muscles?

　想像できますよね。人とつながるには活発に動ける体でいることが大切なのです。そのためにフレイルの改善にも筋トレが注目されているわけです。超少子高齢化時代に突入する日本。その時代、日本社会を少しでもよりよいものにできる。その一端を担うのは運動・筋肉であることは間違いありません。

カラダと筋肉の関係を知る

体を動かすことができる唯一の器官が筋肉です。
筋肉がなければ人は動くことができません。
しかし筋肉の働きはそれだけではありません。

筋肉の働き

あらためて筋肉の役割を整理してみましょう。筋肉の働きは大きく分けて次の3つになります。

1.体を動かす

筋肉の両端は異なる骨と骨にわたりつながっています。その筋肉が縮むことによって、関節を軸として骨どうしの位置関係が近づきます。多くの筋肉にのこの作用によって人は**さまざまな動きができます。**筋肉がなければ人間は体を一切動かせません。どんな複雑なアスリートの動きもこの組み合わせによって作り出されるのです。

2.カロリーを消費する

体を動かすときはもちろんですが、実は筋肉は存在するだけで**カロリーを消費してくれます。**生命の維持に最低限に必要なエネルギーを「基礎代謝」といいます。一般成人の場合、一日の消費カロリーのうちの約60％が基礎代謝によって消費されています。基礎代謝を構成する器官には、脳・心臓や腸などの内臓、そして筋肉などが含まれます。基礎代謝の一部ではありますが、自らの意思で量を増やせるのは筋肉だけなのです。

3.体のラインをつくる

人の体のラインを形づくるものは「骨・筋肉・脂肪」の3つです。そ

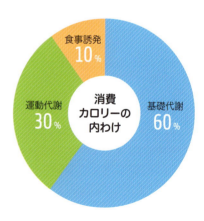

のうち努力で変えることができるのは筋肉と脂肪です。適切な部位の筋肉をトレーニングをすることによって、猫背の改善、厚い胸板、引き締まったお腹など、体のフォルムを変えることができます。

立ったときを想像してみればわかると思いますが、筋肉は縮んで力を出すだけでなく、長さを変えずとも力を発揮することができます。例えば猫背になったり、体がどちらかに傾いているという症状は筋肉の前後、もしくは左右の不均等によって引き起こされることがあります。

姿勢だけでなく、筋肉はトレーニングにより鍛えることによってサイズを変えることができるので、その**部位のラインを変えることができます。**厚い胸板、逞しい腕、逆三角形の背中、くびれたウエストなどはトレーニングによってのみ作り上げることができるのです。自らのカラダを彫刻していくイメージです。

これらの働きのおかげで、人は活発に動け、太りにくい体になり、見た目の印象がよくなります。精神的にも外交的・アクティブ・ポジティブになり、人とつながることで長寿や健康にも好影響を与えます。これも筋肉の働きがもたらす効果といえるでしょう。

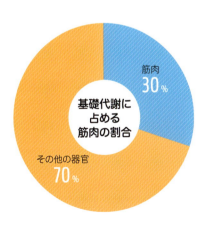

消費カロリーには、基礎代謝(60%)、運動代謝(30%)、食事誘発性熱発生(10%)の3種類があります。筋肉は基礎代謝の3割を占めています。

年齢とともに減っていく筋肉

このように「幸せをつくる」役割をしてくれる筋肉ですが、
放っておくと年齢とともに減っていくのが自然の流れです。
その事実を知っておきましょう。

30歳を過ぎると筋肉は減っていく

　ある年齢を過ぎたあたりから、加齢により筋肉の量は減少していきます。これを筋生理学的にいうと、**サルコペニア**（sarcopenia）といいます。ギリシャ語の肉（sarx）と損失（penia）という単語を組み合わせた造語で、1988年にアメリカで生まれた言葉です。

　一般的には、不活動が主な原因で30歳くらいから筋肉量は毎年1％ずつ減少していき、50歳を過ぎたあたりから不活動に加え、加齢現象として筋肉量の減少が加速し、毎年2％ずつ減少していくといわれています。単純な計算で30歳の筋肉量を100％とすると、40歳のころには90％、50歳のころには82％、55歳では74％まで減ることになります。もちろん筋肉を増やす努力をしなければです。

体型の変化、運動能力の低下、機能障害

　筋肉の減少は、日常生活のさまざまな場面で気づくときがあるでしょう。まず、胸よりもお腹が出てきた、肩から二の腕が細くなってきた、ウエストがなくなってきた、といった体型の変化です。体重は同じなのに体脂肪計の数字が増えた（つまり筋肉が落ちた）というときもあります。段差でつまずく、床から立つのに手間どる、腕が高く上がらない、などといった日常レベルの運動能力の低下もあります。若いころのつもりで子供の運動会で全力で走ったら脚がもつれて転び、アキレス腱を切って松葉杖をつくことになったという笑えない話も耳にします。

　筋力の低下は体の故障もひき起こします。四十肩や五十肩は、肩関節を支える筋肉の力や柔軟性の低下が原因のこともあります。腰椎を支える体幹の筋肉が衰えると、ほとんどは腰痛をひき起こします。こういった体からのサインがあっても、多くの人はやはり少しずつ筋肉を減らし続けているのです。

筋肉を増やすのに遅すぎることはない

サルコペニアは**筋力トレーニング（筋トレ）**によって予防・改善することができます。

しかし、よく現場で聞かれる質問があります。

「年を重ねると若い人に比べて、トレーニングの効果は低くなるのでしょうか？」

そこで、うれしい研究報告があります。結論からいうと、高齢者も若齢者と変わらない効果を得ることができるのです。運動生物学のハッキネンらは1998年、平均29歳の若年男性と平均61歳の高齢男性に10週間の筋トレを行い、その効果を比較しました。その結果、筋力、筋サイズともに**高齢者も若年男性と同程度に向上**したのです。2011年現在、研究によって示されたもので90歳を過ぎても筋肥大することが確認されています。

2010年公開の映画『エクスペンダブルズ』ではシルヴェスター・スタローンとアーノルド・シュワルツェネッガーが共演して話題を呼びました。このとき二人はすでに還暦を超えていましたが、すばらしく強靭でしなやかな肉体を作り上げていました。気持ちさえ年をとらなければ、いつでも筋肉は増やすことができるのです。

加齢による筋肉量の変化（男性）

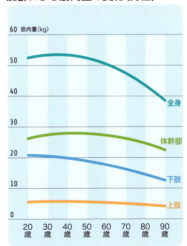

谷本ら「日本人筋肉量の加齢による特徴」日本老年医学会雑誌Vol.47（2010）に基づき作成

年齢に負けない体をつくる

筋肉を増やすには運動が必要なことは当然ですが、
サルコペニア予防のためには、
忙しい人でもいかに効率よく筋肉を増やせるかが大切です。

摂取カロリーが減ったのに肥満が増えた

　厚生労働省の行った国民健康・栄養調査では、40代の平均体重が40年で約10kg増加し、BMI*25以上の肥満率は35年で13ポイント増加し35％になりました。いまや40代の男性の3人に1人が肥満です。

　しかし驚いたことに、20代以上の平均摂取カロリーを調べてみると、1973年をピークに実は低下してきています。摂取カロリーは低下しているのに肥満は増えている。それはどういうことなのでしょうか？

　そうです。運動量が低下しているのです。特に、都心部と地方では歩数が有意に異なることも明らかになっています。地方は完全なる車社会。数百メートルの距離も車で行ってしまいます。運動をしなければ、消費カロリーが少なくなるとともに、筋肉量が低下してしまいます。筋肉

男性肥満率の推移

**男性平均体重と
国民1日の摂取エネルギーの推移**

量が低下すると基礎代謝も低下してしまうので、どんどん悪循環に陥ってしまいます。

＊BMI＝Body Mass Index
＝体重(kg)/身長(m)^2

筋肉を効率よく増やす筋トレ

筋肉を増やすには運動が必要なのは間違いありません。しかし時間に追われる人にとって、運動時間をつくるのは難しい問題です。そこで短時間で効果を上げられることがカギになります。その答えは筋トレです。筋トレは「筋肉を増やすこと」を目的に考えられています。もちろん、ボディビルダーのような大きな筋肉をめざしている方は少ないとわかっています。ただ、目的のために必要な時間も努力も少なくてすむことは容易に想像できますよね。

これは実験でも実証されています。70歳前後の筋トレを行っている人、スイミングを行っている人、ランニングを行っている人の筋肉の機能を調べたところ、筋トレを行っている人は、その他の群よりも筋力、筋サイズ、単位横断面積当たりの筋力（おもに神経系）、筋収縮速度がいずれも高い値を示したのです（クリットガードら1990年）。

ひとつのスポーツ種目で使う筋肉は限られており、運動のなかで筋肉を増やすことはとても難しく時間もかかります。そこでアスリートも競技練習以外に筋トレをとり入れているのです。全身の筋肉をまんべんなく短時間で増やすには、筋トレは最も近道なのです。

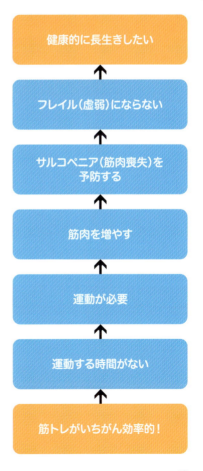

筋トレの基礎理論

筋肉が大きくなるのは、どういうしくみなのでしょうか。
ここで簡単に筋肉の構造を説明して、
筋トレがなぜ筋肉量を増やすのかを解説しましょう。

筋肉が大きくなるしくみ

　筋肉は図のように細い線のような筋線維（筋細胞）が集まってできています。筋線維の直径は髪の毛くらい（40〜100μm）で、長さは数mmから10cm以上になるものもあります。ちょうど細いゴムが束になっているイメージです。筋肉の力は横断面積の大きさに比例します。つまり太いほど強いのです。筋線維の本数は増やすことが難しいので、筋肉量を増やすには1本1本の筋線維を太くします。

　人の筋細胞内では常にタンパクの分解と合成が同時に行われていますが、「分解＜合成」のバランスになると筋線維は太くなります。筋細胞のタンパク合成は運動による2種類の刺激で促進されます。ひとつは筋線維に大きな負荷がかかり微細な損傷が起こる「**機械的刺激**」、もうひとつは運動に伴った代謝の産物（乳酸や一酸化窒素など）により成長ホルモンやIGF-1などの成長因子の分泌を間接的に促す「**化学的刺激**」です。

　ほかに食事もタンパク合成を刺激して、特にタンパク質を摂取したときに大きくなります。しかし、食事による刺激では筋肉量は維持できても、増やすには運動による刺激が不可欠なのです。

筋肉を大きくする最適な強度は？

　筋トレの目的は2つのタンパク合成の刺激を筋細胞に与えることです。ただ歩いているだけでは有酸素運動になっても筋肉は太くなりません。強度の目安は、自分でしっかりと**「つらいな」**と思うかどうかです。トレーニングの強度を決める因子には「種目」と「重さ」「回数」のほかに「収縮速度」「セット数」「セット間インターバルタイム」があります。重さや回数にこだわりがちですが、筋細胞にタンパク合成の刺激が与えられるなら、因子の組み合わせかたは自由です。

　本書に書いてある回数×セット数は一般的な「精神的に続けやすい」

組み合わせで、つらければ最初は少なくてもよく、逆にラクにできるようになったら強度を上げていかないと、筋肉量は維持できても増やすことはできません。筋肉の成長には常にあなたが「つらいな」と思う強さが大切なのです。そのために特別な器具を使う必要はなく、同じ強度を与えられれば、自重でよいのです。

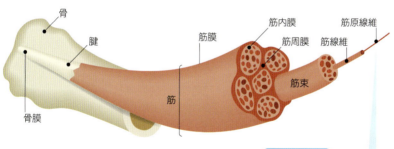

筋の基本構造

筋線維が束になったものが筋束で、筋束がさらに束になったものが筋肉です。筋線維はさらに細い筋原線維の集まりで、筋原線維のなかの最小単位の「サルコメア」の重なりが変わることで伸び縮みします。

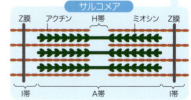

より効率よく筋肉を増やすやり方

筋肉が大きくなるメカニズムがわかったところで
効率的な筋トレ方法について知っておきましょう。
同じ時間を使っても結果が大きく変わってきます。

筋トレの頻度と休養
～筋肉が成長する超回復

　筋トレの頻度についてはどうでしょうか。毎日やるべきと誤解している人が多いですが、筋肉の肥大のためには**週2回がベスト**です。これは実際に実験で確かめられています。被験者を4つの群に分けて、週に2回筋トレした群の3か月後の効果を100とすると、週に1回の群が約35%、週に3回の群では約70%、2週に1回の群が約5%だったのです（グレーブスら1990年）。その理由を説明しましょう。

　筋トレの刺激を受けて筋線維のタンパクは分解されて、その修復の過程で太くなります。これを「**超回復**」といいます。人にもよりますが、この修復のためには48～72時間が必要だといわれています。修復後に再び刺激を与えるとさらに成長が促されます。毎日やると修復が間に合わず、疲労で腱や靭帯に障害を起こすおそれもあります。

　つまり、休むことも筋トレの一環なのです。そう考えると、毎日やる必要もないので続けやすいでしょう。この超回復は筋肉の部位ごとに考え

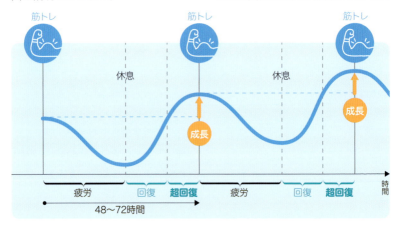

ますので、例えば今日は腹の筋肉、明日は脚の筋肉、などと毎日少しずつ違う部位を回して筋トレする方法でもよいでしょう。スケジュールの考え方はまたあとで紹介します。

速筋と遅筋なら、速筋を鍛える

筋肉には瞬発的に強い力を出す「速筋」と、力は弱くても持続的に出せる「遅筋」の2種類があります。遅筋はウォーキングやジョギングでおもに使われます。脂肪を燃焼する効果はありますが、鍛えてもあまり大きくなりません。一方の速筋はふだんの生活であまり使わないので、運動を継続していないと年齢とともに減っています。

つまり速筋はつきやすく落ちやすいので、鍛えると成長する伸びしろが大きいのです。筋肉量を増やしたいなら、**速筋を鍛える**ように意識しましょう。それには大きな筋力を発揮するトレーニングが有効ですから、やはり「つらい」と思えるような強度に常に意識しながら筋トレを行っていくことが大切です。

より効果の高い
エキセントリック収縮を意識する

筋肉は「縮まる」ことと「緩む（脱力）」ことしかできません。伸びることはできないのです。ですから、例えば腕を曲げる筋肉（上腕二頭筋）が内側にあれば、逆に腕を伸ばす筋肉（上腕三頭筋）が外側にあります。

しかし筋肉にはブレーキをかける機能もあります。腕を曲げて重い荷物を持ち上げたら、腕を伸ばすときにも上腕二頭筋がブレーキをかけながらゆっくり下ろしているのです。筋肉が縮まることを「**コンセントリック**（短縮性）収縮」、伸びながらブレーキをかけることを「**エキセントリック**（伸張性）収縮」といいます。concentricとは「中心に集まる」、eccentricとは「中心を外れた」「風変わりな」という意味です。筋肉が長さを変えないで力を発揮することを「**アイソメトリック**（isometric、等尺性）収縮」といいます。

エキセントリック収縮は、①発揮できる筋力が大きく、②速筋が多く使われ、③機械的刺激が強い（筋肉痛になりやすい）、という筋肉の成長にとって望ましい特徴があるのです。そこで筋トレでは、縮めていた筋肉を**伸ばすときに意識して**ゆっくりと負荷をかけるとより効果的なのです。

Column

筋トレすればやせられる?

やせたいから腹筋運動や腕立て伏せを始めるという人がいますが、筋トレにやせる効果はあるのでしょうか?

結論からいえば「あります」。しかし、筋トレだけですぐにやせるわけではありません。基本的にはやせやすい体にするための積み立て先行投資と考えましょう。

やせるため、脂肪を減らすためには「消費カロリー＞摂取カロリー」という公式以外にはないのです。消費カロリーを増やすか、摂取カロリーを減らすか、あるいは両方やるかです。

やせる＝脂肪を減らすには、脂肪を「分解」して「燃焼」する必要があります。分解には運動と食事制限のどちらも効きますが、燃焼するには運動しかありません。燃焼されないとまた脂肪細胞に取り込まれます。筋トレのダイエット効果は、短期的には運動代謝で脂肪を燃焼することです。筋トレ中もカロリーを消費しますが、筋トレ後の2〜3日は代謝量が上がることもわかっています。長期的には増えた筋肉で基礎代謝を上げて「燃費の悪い体」にすることです。筋肉が2kg増えると基礎代謝が100kcal／日増加したという実験結果があります。とはいえ、2kgの筋肉を増やすのは一朝一夕にはできませんね。

また、やせるために「運動をはじめなきゃ!」といきなり走る人がいますが、私は『有酸素運動はやせてからやれ』と考えています。有酸素運度が脂肪を燃やすのは確かですが、それには理由があります。

1. 有酸素運動でやせるのはとても大変
多くの人が思っている以上にハードで時間がかかります。

2. 走るのは膝への負荷が大きく、いきなり走るとケガのリスクが高い
体重が1kg減るとウォーキングで3kg、ランで8〜10kgも膝の負担が減らせます。

3. まずは食事と筋トレで体をつくる
食事コントロールで体重を減らし、筋トレでベーシックな筋力をつくります（負担軽減）。

筋トレと有酸素運動の理想的な組み合わせについては、またあとで説明します。

Part

2

部位別筋肉エクササイズ

エクササイズ名によく出る英単語

**これからトレーニングを始めるにあたって、
エクササイズ名に含まれている言葉を説明しておきましょう。
意味を理解しておけば名前も覚えやすいはずです。**

　エクササイズ名はほとんどが英語で、日本語で表記すると長いカタカナになって覚えにくいものが多くなっています。名前で呼べないと身についた感じがしませんし、微妙に間違って覚えるのも恥ずかしいものです。

　ヒップ（尻）やレッグ（脚）くらいは誰でもわかるでしょうが、そのほかの部位の名前や、動きや状態を表す単語も知っておくとエクササイズ名が覚えやすくなります。

エクステンション
Extension
伸ばすこと、伸展運動

カール
Curl
曲げること、屈曲運動

クランチ
Crunch
腹筋運動

スクワット
Squat
しゃがむこと

スティッフ
Stiff
硬直した

スパイン
Supine
仰向けの
カタカナにすると同じ
スパイン（Spine）は背骨のことです。

デッドリフト
Deadlift
ダンベル上げ運動

トライセップス
Triceps
三角筋

バック
Back

背中、後ろへ動く

部位としての背中を指すことと、後ろへ動くことのどちらもあります。

ピラー
Pillar

支柱、支え

フェーズ
Phase

段階、相

プッシュアップ
Pushup

腕立て伏せ

プルダウン
Pulldown

引き下ろす

プローン
Prone

うつ伏せの

ベンド、ベント
Bend, Bent

曲げること、屈曲、曲げられた

曲げる運動を表すときと、ベント・レッグ（曲げた脚）のように使うこともあります。

ユニラテラル
Unilateral

片方の

ライイング
Lying

寝そべった

ラット
Lat

広背筋

「latissimus dorsi」の略です。

ラテラル
Lateral

横の、側面

Lateral Positionは横向きに寝た状態（横臥位）を表します。

ランジ
Lunge

突き出すこと

リフト
Lift

持ち上げること

レイズより動作を強く表します。

レイズ
Raise

持ち上げること

上げた状態におくことを表します。

Part 2 ── 部位別筋肉エクササイズ

ストレッチの効果と
ウォームアップ・クールダウン

エクササイズを始める前に、筋トレの観点からのストレッチの効果と、
トレーニング前後のいつ行うのがよいのかを知っておきましょう。

ストレッチの効果

　ストレッチは筋肉を伸ばすことによって関節の可動域を広げ、血液循環をよくする効果があります。これによって運動による障害の危険を減らすことができます。また運動後には、収縮した筋肉を弛緩させて疲労回復を促し、興奮した神経を鎮めてリラックスさせる効果もあります。

　ここで紹介するストレッチは特にクールダウンで行うことがおすすめです。日常的にストレッチを続けることで最大筋力や収縮速度は向上します。

　ただし、運動を始める直前のストレッチは（特に最大筋力を出したい場合には）一概によいことばかりとはいえません。伸ばされた筋肉が縮もうとする反射が弱まり、脱力しやすくなるのです。また筋肉の弾性も低下します。筋肉の弾性は温度にしたがって上がりますので、ストレッチよりも強度の低いエクササイズから行って筋肉を徐々に温めていくやり方がよいでしょう。

腹部

体側部

> **Column**
>
> **本番前のストレッチは筋力を落とす?**
> 同じ姿勢で止まって筋肉を最大に伸ばす静的なストレッチは、その直後に筋肉の最大出力が落ちるという実験結果が報告されています。近年は、試合前などには動的なストレッチ(準備体操のような動きを伴って筋肉を伸ばすもの)がよいとされています。

背部

脚前部

脚背部

臀部

全身のおもな筋肉を知ろう

ここからは体を大きく5つの部位に分けて筋肉と鍛え方説明していきます。
まず全身を眺めて、人間の体にたくさんある筋肉のうちトレーニング対象となる
主要な筋肉をおおまかに理解しておきましょう。

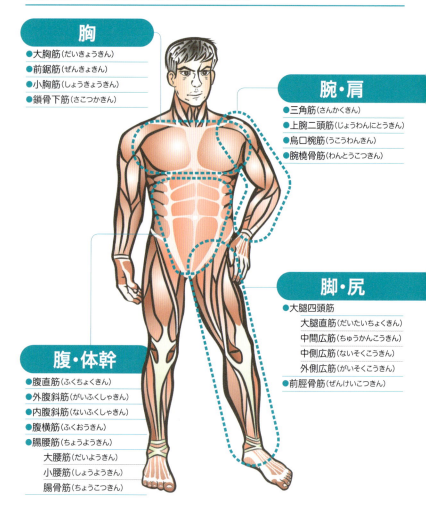

胸
- 大胸筋（だいきょうきん）
- 前鋸筋（ぜんきょきん）
- 小胸筋（しょうきょうきん）
- 鎖骨下筋（さこつかきん）

腕・肩
- 三角筋（さんかくきん）
- 上腕二頭筋（じょうわんにとうきん）
- 烏口腕筋（うこうわんきん）
- 腕橈骨筋（わんとうこつきん）

脚・尻
- 大腿四頭筋
  - 大腿直筋（だいたいちょくきん）
  - 中間広筋（ちゅうかんこうきん）
  - 中側広筋（ないそくこうきん）
  - 外側広筋（がいそくこうきん）
- 前脛骨筋（ぜんけいこつきん）

腹・体幹
- 腹直筋（ふくちょくきん）
- 外腹斜筋（がいふくしゃきん）
- 内腹斜筋（ないふくしゃきん）
- 腹横筋（ふくおうきん）
- 腸腰筋（ちょうようきん）
  - 大腰筋（だいようきん）
  - 小腰筋（しょうようきん）
  - 腸骨筋（ちょうこつきん）

背中・体幹・首

- 広背筋（こうはいきん）
- 大円筋（だいえんきん）
- ローテーターカフ（Rotator Cuff）
    - 小円筋（しょうえんきん）
    - 棘上筋（きょくじょうきん）
    - 棘下筋（きょくかきん）
    - 肩甲下筋（けんこうかきん）
- 僧帽筋（そうぼうきん）

- 菱形筋（りょうけいきん）
- 胸鎖乳突筋（きょうさにゅうとつきん）
- 脊柱起立筋
    - 頸腸肋筋（けいちょうろくきん）
    - 胸腸肋筋（きょうちょうろくきん）
    - 腰腸肋筋（ようちょうろくきん）
    - 頭最長筋（とうさいちょうきん）
    - 胸最長筋（きょうさいちょうきん）
    - 頸棘筋（けいきょくきん）
    - 胸棘筋（きょうきょくきん）

Part 2 — 部位別筋肉エクササイズ

- 僧帽筋（そうぼうきん）
- 上腕三頭筋（じょうわんさんとうきん）

- 大臀筋（だいでんきん）
- 中臀筋（ちゅうでんきん）
- 小臀筋（しょうでんきん）
- ハムストリングス（Hamstring）
    - 大腿二頭筋（だいたいにとうきん）
    - 半膜様筋（はんまくようきん）
    - 半腱様筋（はんけんようきん）
- ヒラメ筋（ひらめきん）
- 腓腹筋（ひふくきん）

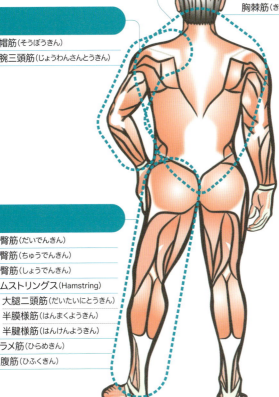

Training 1 → 腹・体幹の筋肉

↓ 腹の筋肉

腹直筋
ふくちょくきん

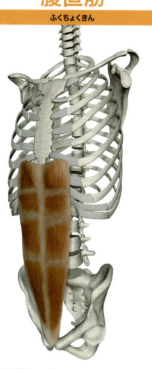

上体を屈曲させる筋肉です。腱画と呼ばれる腱のようなスジで3つから4つの筋節に分かれています。

外腹斜筋
がいふくしゃきん

肋骨と骨盤についていて、上体を左右に曲げるときに使われます。上体のひねりにも関与します。

内腹斜筋
ないふくしゃきん

外腹斜筋の内側・深部にあり、外腹斜筋と同様に上体を左右に曲げると同時に骨盤を引き上げます。

お腹は自分で見えるだけに気になるところですが、表面だけでなく、体幹の筋肉を意識して鍛えることで、姿勢を整え、疲れにくい体をつくることができます。

 体幹の筋肉

腸腰筋
ちょうようきん

大腰筋・小腰筋・腸骨筋という3つの筋肉の総称です。内臓の奥にあり、脊柱と骨盤、大腿骨をそれぞれつないでいます。上半身と下半身の連絡役であり、体を安定させる役目があります。

大腰筋　　だいようきん

腰椎すべてから大腿骨につながっています。

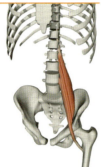

小腰筋　　しょうようきん

腰椎から骨盤につながっています。

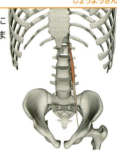

腸骨筋　　ようこつきん

骨盤の裏側から大腿骨につながっています。

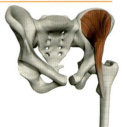

腹横筋
ふくおうきん

内腹斜筋のさらに内側にあり、肋骨と骨盤の間をコルセットのように取り巻いています。お腹を引っ込める働きをします。体幹を安定させ、腹圧をかけて内臓を支えています。

Training 1 腹・体幹の筋肉　　　　　　　　　　　　　　　　　　　Knee Touch Crunch

ニータッチ・クランチ

[運動の強さ]　★☆☆☆☆　　[回数]　10回 × 3セット

いわゆる「腹筋運動」の動作で、腹直筋を鍛える最も基本的なエクササイズです。
膝を曲げることによって、腰に負担をかけることを防ぎます。

Step 1 両膝を立てて仰向けになる

床に仰向けになって脚を曲げ、両手を床から45度に伸ばします。

Step 2 ゆっくりと上体を起こす

息を吐きながら、両手を膝がしらに近づけるようにゆっくり上体を曲げていきます。

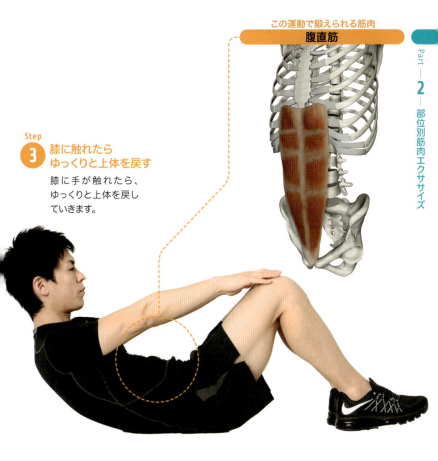

この運動で鍛えられる筋肉
腹直筋

Part 2 — 部位別筋肉エクササイズ

Step 3 膝に触れたらゆっくりと上体を戻す

膝に手が触れたら、ゆっくりと上体を戻していきます。

Point
上体を戻していくときに、曲げたときと同じくらいゆっくりと戻していくことでより効果が高まります。

この運動による効果
* 寝ている状態から体を起こす動作がラクになる
* お腹を引き締める
* 腹腔圧を高めて内臓が下がることを防ぐ

Training 1 腹・体幹の筋肉　　　　　　　　　　　　　　　　　　　Chair Knee to Chest

チェア・ニートゥチェスト

[運動の強さ] ★★☆☆☆　　[回数] 10回 × 3セット

椅子に座った状態で行うエクササイズです。椅子にしか体を触れないので、家でなくてもオフィスや旅行先でも行うことができます。

Step 1　椅子に浅く腰掛けて脚を伸ばす

椅子に浅めに腰掛け、両手で座面をつかんで上体を支え、膝を伸ばして脚を浮かせます。

Step 2　両膝を胸に近づける

息を吐きながら、両膝をゆっくりと胸に近づけていきます。

Step 3 最大限胸に近づけてから伸ばしていく

できる限り胸に近づけたら、同じくらいゆっくりと脚を伸ばしていきます。

この運動で鍛えられる筋肉

腹直筋

上体を固定した場合、骨盤を引き上げることができます。

腸腰筋

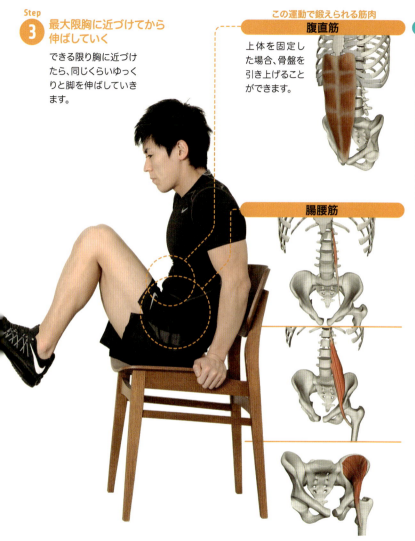

この運動による効果

* 車から降りるときなど脚を持ち上げる動作がラクになる
* 姿勢を安定させる
* 脚を持ち上げやすくしてつまずきを防ぐ

Part 2 — 部位別筋肉エクササイズ

Training 1 腹・体幹の筋肉　　　Chair Crunch

チェア・クランチ

[運動の強さ] ★★★☆☆　　[回数] 10回 × 3セット

椅子を利用して脚を上げることで、さらに深く屈曲して腹直筋を鍛えます。腕は頭の横に曲げておきますが、反動を使わないように注意しましょう。

Step 1 仰向けになり足を椅子に乗せる

仰向けになり、膝が直角になるように足を椅子に乗せます。手は軽く頭に沿えます。

Step 2 肘を膝に近づけていく

息を吐きながら、ゆっくりと上体を起こして両肘を膝に近づけていきます。

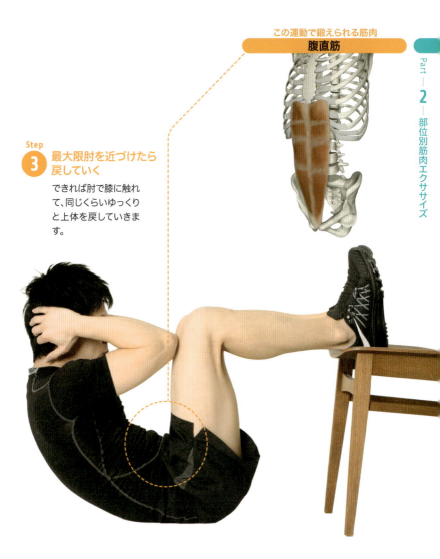

この運動で鍛えられる筋肉
腹直筋

Step 3 最大限肘を近づけたら戻していく

できれば肘で膝に触れて、同じくらいゆっくりと上体を戻していきます。

Part 2 部位別筋肉エクササイズ

この運動による効果
* 寝ている状態から体を起こす動作がラクになる
* お腹を引き締める
* 腹腔圧を高めて内臓が下がることを防ぐ

Training 1 腹・体幹の筋肉　　　　　　　　　　　　　　　　Heel Touch Crunch

ヒールタッチ・クランチ

[運動の強さ]　★★★☆☆　　[回数]　10回 × 3セット

ここまでのクランチがラクにできるのであれば、かかとを触るまで深く曲げてみましょう。上体をさらに屈曲させるために腹直筋に強い負荷がかかります。

Step 1 仰向けになり脚を直角に上げる

仰向けになり、膝を直角に曲げてふくらはぎを床と平行に持ち上げます。手は自然に構えます。

↓

Step 2 ゆっくりと上体を起こす

息を吐きながら、ゆっくりと上体を起こして両手でかかとを触りにいきます。

Step 3 最大限かかとに近づけたら戻していく

できれば手でかかとに触れて、同じくらいゆっくりと上体を戻していきます。

この運動で鍛えられる筋肉
腹直筋

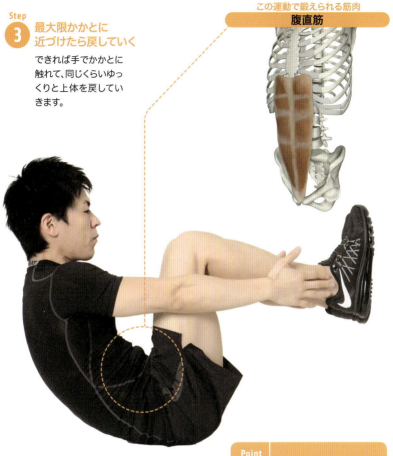

Point
上体を起こすときに脚の角度は直角を保ち、かかとが下がらないように注意します。膝で手を迎えにいかないように下半身は固定しておくことを意識します。

この運動による効果

* 寝ている状態から体を起こす動作がラクになる
* お腹を引き締める
* 腹腔圧を高めて内臓が下がることを防ぐ

Training 1 **腹・体幹の筋肉**　　　Four Phase Crunch

4フェーズ・クランチ

[運動の強さ]　★★★★☆　　[回数]　10回 × 3セット

4フェーズとは動きに4つの段階があるということです。仰向けの状態から、①少し起こす→②最大限起こす→③途中で止める→④仰向けを繰り返します。

Step 1　仰向けになり膝を曲げる

仰向けになり、膝を立てます。手は垂直に伸ばします。

Step 2　上体を軽く起こす

息を吐きながら、少し上体を上げます。

Step 3 最大限上体を起こす

そこからできる限り上体を起こします。同じくらいゆっくりと上体を戻していきます。

この運動で鍛えられる筋肉
腹直筋

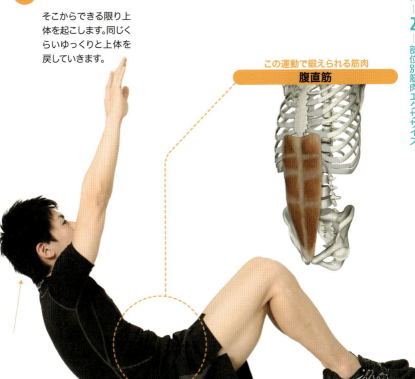

Point
上体を戻すときはいっぺんに戻さずに、❷の姿勢に戻して一度止めてから❶と段階的に戻していきます。

この運動による効果

* 寝ている状態から体を起こす動作がラクになる
* お腹を引き締める
* 腹腔圧を高めて内臓が下がることを防ぐ

Training 1 腹・体幹の筋肉 — Banzai Side Bend

バンザイ・サイド・ベンド

[運動の強さ] ★★☆☆☆　　[回数] 左右交互に10回 × 3セット

その名の通りバンザイをして体を横に曲げる（ベンド）ことで外腹斜筋や内腹斜筋を鍛え、上体を横方向に曲げる力を強くします。

Step 1 両手を伸ばしてバンザイする

肩幅に足を広げて立ち、両手は耳の横にまっすぐ上に伸ばします。

Step 2 ゆっくり横に傾ける

下半身を固定して、息を吐きながら腕と上体を真横に倒していきます。

Step 3 **反対側にも傾ける**

ゆっくりと中央に戻してから、反対側にも同じように倒していきます。

この運動で鍛えられる筋肉

外腹斜筋

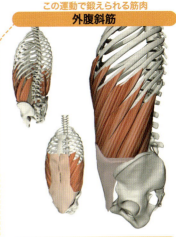

内腹斜筋

Point

横に倒すときにも、腕は同じ間隔で耳の横にまっすぐ伸ばして保ちます。腕が前に傾かないようにまっすぐ横に倒します。

この運動による効果

* 片手でものを持つときの動作がラクになる
* 電車などで立っているときに揺れにバランスを保てるようになる
* 反対側の筋肉はストレッチされるので体側の柔軟性が上がる

Training 1 腹・体幹の筋肉　　Bent Leg Twist

ベント・レッグ・ツイスト

[運動の強さ] ★☆☆☆☆　　[回数] 左右交互に10回 × 3セット

仰向けになり浮かして曲げた（ベント）脚を倒すことで体をひねる力を強くします。両肩を床につけて下半身を腰を中心に動かすようにします。

Step 1 仰向けになり脚を直角に上げる

仰向けになり、膝を直角に曲げてふくらはぎを床と平行に持ち上げます。両腕を広げて床を押さえます。

Point
脚を傾けるときに、反対側の肩が床から浮かないように注意します。

Step 2 脚を横に傾ける

上半身を固定して、息を吐きながら腰をひねるように両脚を横に倒していきます。

Step 3 反対側にも傾ける

両脚を中央に戻してから、反対側にも同じように倒していきます。

この運動で鍛えられる筋肉

外腹斜筋

内腹斜筋

腹直筋

この運動による効果

* 体をひねって振り向くときの動作がラクになる
* 車から降りるときなど脚を持ち上げる動作がラクになる
* 腰の柔軟性が上がる

Training 1 腹・体幹の筋肉　　　　　　　　　　　　　　　　　　　　Leg Twist

レッグ・ツイスト

[運動の強さ]　★★☆☆☆　　[回数]　左右交互に12回 × 3セット

ベント・レッグ・ツイストでは曲げていた膝を伸ばすことで、脚が体の重心から離れるためにより強い負荷がかかるようになります。

Step 1　仰向けになり脚をまっすぐ上げる

仰向けになり、脚を伸ばして床からほぼ垂直に持ち上げます。両腕を広げて床を押さえます。

Point
脚を倒し切ったときに腰の角度は直角ではなく斜め45度くらいになるように下ろします。

Step 2　脚を横に傾ける

上半身を固定して、息を吐きながら両脚を横に倒していき、床に着く直前で止めます。

Step 3　反対側にも傾ける

両脚を中央に戻してから、反対側にも同じように倒していきます。

この運動で鍛えられる筋肉
- 外腹斜筋
- 内腹斜筋
- 腹直筋

この運動による効果

* 体をひねって振り向くときの動作がラクになる
* 腰をひねって回転させるスポーツが力強くなる
* 腰の柔軟性が上がる

Training 1 腹・体幹の筋肉 — Side Pillar Hip Lift

サイドピラー・ヒップリフト

[運動の強さ] ★★★☆☆ — [回数] 左右とも10回 × 3セット

ピラーとは柱のことで、サイドピラーという体幹種目の応用です。体を支えて、お尻を床から持ち上げていきます。体を一直線からできればより高く上げてみます。

Step 1 横向きになり肘で体を支える
床に横向きになり、下側の腕の肘をついて上体を支えます。

Step 2 お尻を持ち上げる
息を吐きながら、体がまっすぐになるようにお尻を持ち上げていきます。

Step 3 さらに高く持ち上げる
できればさらに高くお尻を持ち上げ、ゆっくりと戻していきます。左右とも行います。

この運動で鍛えられる筋肉

外腹斜筋

内腹斜筋

三角筋

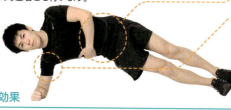

この運動による効果

* 片手でものを持つときの動作がラクになる
* 電車などで立っているときに揺れにバランスを保てるようになる
* 姿勢を安定させる

Training 1 腹・体幹の筋肉　　　　　　　　　　　　　　　　Sitting Side Bend

シッティング・サイド・ベンド

[運動の強さ]　★★★☆☆　　[回数]　左右交互に12回 × 3セット

椅子に腰かけて浮かせた足を左右に持ち上げます。椅子にしか体を触れないので、家でなくてもオフィスや旅行先でも行うことができます。

Part 2 ── 部位別筋肉エクササイズ

Step 1　椅子に浅く腰掛けて脚を曲げる

椅子に浅めに腰掛け、両手で座面をつかんで上体を支え、膝を曲げて脚を浮かせます。

Step 2　両脚を片側に持ち上げる

息を吐きながら、両脚を揃えて片側に持ち上げていきます。

Step 3　さらに高く持ち上げる

できればさらに高く脚を持ち上げ、ゆっくりと戻していきます。中央に戻したら、反対側にも同じように持ち上げていきます。

この運動で鍛えられる筋肉
外腹斜筋
内腹斜筋

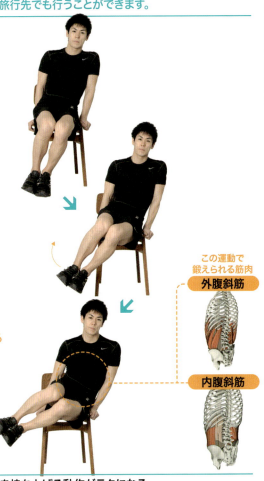

この運動による効果

＊ 車から降りるときなど脚を持ち上げる動作がラクになる

＊ 電車などで立っているときに揺れにバランスを保てるようになる

＊ 姿勢を安定させる

Training 2 → 胸の筋肉

大胸筋
だいきょうきん

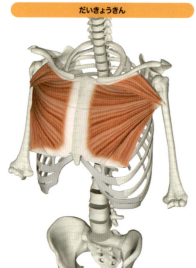

胸の表面の全体を覆う大きな筋肉です。上は鎖骨、前は胸骨前部、下は腹直筋上部の3か所から、すべて上腕骨の上部へとつながっています。したがって上腕を前方、上方に動かすことによって鍛えられます。

前鋸筋
ぜんきょきん

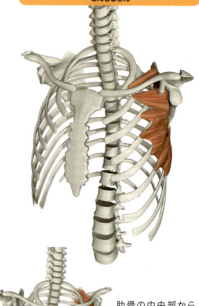

肋骨の中央部から肩甲骨の内側につながっています。複数の肋骨につながっているところがまさに鋸のようです。肩甲骨を前に滑り出させ、ボクサーがパンチを出すときのように腕を前に伸ばす動作に使われます。

人から見られたときや自分で鏡を見たときの印象が強いのは大胸筋ですが、内側(深部)には肩甲骨を動かす筋肉があり、腕の可動域を広げる大切な役割を果たしています。

小胸筋
しょうきょうきん

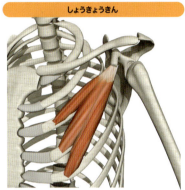

大胸筋の内側・深部にあり、肋骨から肩甲骨の前部の烏口突起につながっています。前鋸筋とともに肩甲骨の動きを制御しています。腕を前に伸ばしたり肩を下げるときに使われます。深呼吸のときには胸骨を引き上げます。

鎖骨下筋
さこつかきん

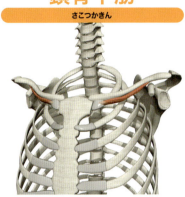

文字通り鎖骨の裏側を通っている筋肉で、鎖骨から一番上の肋骨につながっています。鎖骨を前下方向に引っ張って胸に対して安定させる働きがあります。それにより肩甲骨が自由に動くことができます。

Training 2 胸の筋肉　　　　　　　　　　　　　　　　　　　　　　　　　Palm Push

パーム・プッシュ

[運動の強さ]　★☆☆☆☆　　[回数]　左右交互に10回 × 3セット

盛り上がった逞しい上半身をつくるために大胸筋を鍛えます。大きな動きを伴わないので場所を選ばず静かにできます。

Step 1 胸の前で両手のひらを合わせます

肩幅に足を広げて立ち、胸の前で両手のひらを向き合わせます。

Step 2 手のひらを強く押つけて動かす

手のひらを強く押しつけながら、体の片側に両手を動かしていきます。

Step 3 反対側にも動かす

反対側にもゆっくりと同じように動かしていきます。

この運動で鍛えられる筋肉

大胸筋

上腕三頭筋

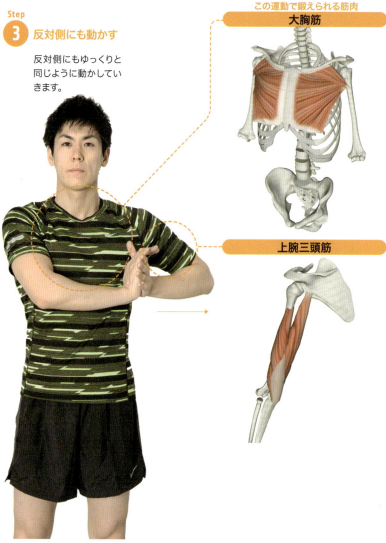

Part 2 部位別筋肉エクササイズ

この運動による効果

* 引き戸を動かす、ドアを押すような動作がラクになる
* うつ伏せから立ち上がる動作がラクになる
* 胸板が厚くなりガッシリとして見た目の印象がよくなる

Training 1 腹・体幹の筋肉　　Knee on Ground Pushup

ニーオン・グラウンド・プッシュアップ

[運動の強さ]　★☆☆☆☆　　[回数]　10回 × 3セット

いわゆる「腕立て伏せ」を膝をついた状態で行います。腕にかかる負荷が軽くなるので、はじめは筋力がない人でもラクにできます。

Step 1　床に膝と両手をつく
床に両手と膝をついて腕をまっすぐ伸ばします。両手の幅は肩幅の1.5倍くらいにします。

この運動で鍛えられる筋肉

大胸筋

Step 2　腕を曲げていく
肘が外側に出るように、ゆっくりと腕を曲げていきます。

上腕三頭筋

Step 3　腕を曲げきったら持ち上げる
胸が床につくくらいまで腕を曲げたら、ゆっくり持ち上げていきます。

この運動による効果
* 引き戸を動かす、ドアを押すような動作がラクになる
* うつ伏せから立ち上がる動作がラクになる
* 胸板が厚くなりガッシリとして見た目の印象がよくなる

Training 1 腹・体幹の筋肉　　Pushup

プッシュアップ

[運動の強さ] ★★☆☆☆　　[回数] 10回 × 3セット

自重による筋トレの王道である腕立て伏せは、腕よりもむしろ大胸筋を鍛える効果があります。お尻が落ちないように体を一直線に保ちます。

Step 1 床に両手をつき体をまっすぐに伸ばす
床に両手とつま先をついて腕をまっすぐ伸ばします。両手の幅は肩幅の1.5倍くらいにします。

この運動で鍛えられる筋肉

大胸筋

Step 2 腕を曲げていく
肘が外側に出るように、ゆっくりと腕を曲げていきます。

上腕三頭筋

Step 3 腕を曲げきったら持ち上げる
胸が床につくくらいまで腕を曲げたら、ゆっくり持ち上げていきます。

この運動による効果
* うつ伏せから立ち上がる動作がラクになる
* 重いものを遠くへ押しやる力が強くなる
* 胸板が厚くなりガッシリとして見た目の印象がよくなる

Training 2 胸の筋肉　　Unilateral Pushup

ユニラテラル・プッシュアップ

[運動の強さ] ★★★☆☆　　[回数] 左右交互に12回 × 3セット

ユニラテラルとは「片側だけの」という意味です。片側の腕に集中して体重をかけることで、さらに筋力をアップすることができます。

Step 1 床に両手をつき体をまっすぐに伸ばす

床に両手とつま先をついて腕をまっすぐ伸ばします。両手の幅は肩幅の1.5倍くらいにします。

Step 2 片側の手に乗るように腕を曲げていく

肘が外側に出るように、ゆっくりと腕を曲げていきます。

Step 3 腕を曲げきったら持ち上げる

胸が床につくくらいまで腕を曲げたら、ゆっくり持ち上げていきます。反対側も行います。

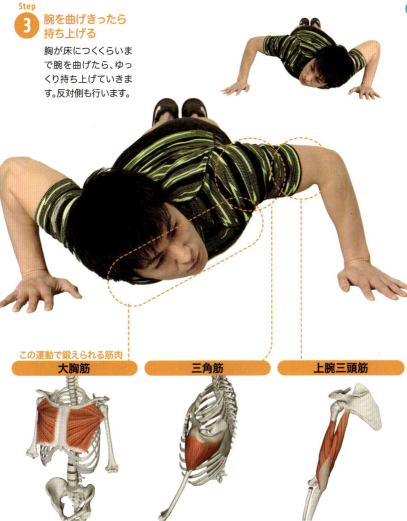

この運動で鍛えられる筋肉

| 大胸筋 | 三角筋 | 上腕三頭筋 |

Part 2 — 部位別筋肉エクササイズ

この運動による効果

* うつ伏せから立ち上がる動作がラクになる
* 勢いのある壁ドンができるようになる
* 胸板が厚くなりガッシリとして見た目の印象がよくなる

Training 2　胸の筋肉　　　　　　　　　　　　　　　　　　　　　Handclap Pushup

ハンドクラップ・プッシュアップ

[運動の強さ]　★★★★☆　　[回数]　10回 × 3セット

プッシュアップのバリエーションでも瞬発力が要求されるやり方です。両腕を伸ばす際に勢いをつけて上半身を浮かせ、空中で手を叩きます。

Step 1　腕を深く曲げる

プッシュアップの要領で腕を深く曲げます。両手の幅は肩幅の1.5倍くらいにします。

⬇

Step 2　腕を伸ばして体を突き放す

勢いよく腕を伸ばして体を床から突き放し、手を床から離します。

Step 3 空中で手を叩く

すばやく空中で手を叩いたら、手をついて落ちてくる体を肘を曲げて受け止めます。

この運動で鍛えられる筋肉

| 大胸筋 | 上腕三頭筋 | 三角筋 |

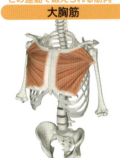

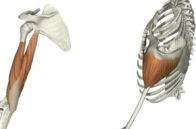

この運動による効果

* うつ伏せから立ち上がる動作がラクになる
* 重いものを遠くへ押しやる力が強くなる
* 倒れそうなときに肘のクッションで体を受け止められる

Training 3 → 腕・肩の筋肉

三角筋
さんかくきん

僧帽筋
そうぼうきん

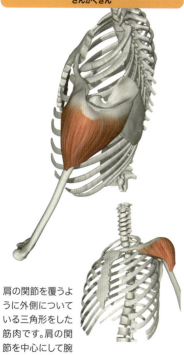

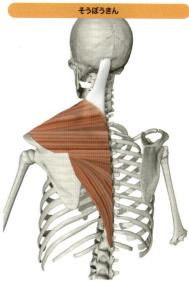

肩の関節を覆うように外側についている三角形をした筋肉です。肩の関節を中心にして腕を前・横・後ろとあらゆる方向に持ち上げる役割があります。

背中の中段から上段、そして肩の表面にまたがる大きな筋肉です。後頭部と背中中部から両肩までを菱形に覆っています。肩甲骨を寄せたり、上げたりする動作に使われます。いつも首を支えて背筋を伸ばし、腕をぶら下げているので、肩こりの原因としても有名です。

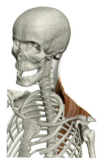

腕と肩は、特に強い運動をしなくても
家事やパソコンのような作業でも日常的に使う筋肉です。
鍛えることでコリや疲労を予防することもできます。

上腕二頭筋
じょうわんにとうきん

腕の内側にあり腕を曲げる筋肉です。曲げたときに「力こぶ」になります。その名の通り、筋肉の上部は2つの頭に分かれて肩甲骨についています。手を外にひねる役割もあります。

烏口椀筋
うこうわんきん

肩甲骨の前部の烏口突起と呼ばれるところから上腕につながるのでこう呼ばれます。上腕二頭筋とともに腕を曲げる筋肉です。

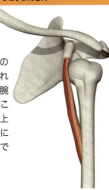

上腕三頭筋
じょうわんさんとうきん

腕の外側にあり腕を伸ばす筋肉です。こちらも上部は3つの頭に分かれて肩甲骨と上腕骨の内側と外側についています。

腕橈骨筋
わんとうこつきん

前腕の大きな筋肉で腕を曲げるときに使われます。ジョッキを持ち上げると浮き出る筋肉でビアライズマッスルともいわれます。上腕骨から前腕の内側にある橈骨（とうこつ）の手首のところまで長くつながっています。

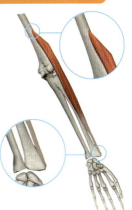

Training 3 腕・肩の筋肉　　　Palm Curl

パーム・カール

[運動の強さ] ★☆☆☆☆　[回数] 左右とも10回 × 3セット

両腕で押し合いをして、互いの腕を曲げる力と伸ばす力を同時に鍛えます。大きな動きを伴わないので場所を選ばず静かにできます。

Step 1 腕を伸ばし両手を上下に合わせる

肩幅に足を広げて立ち、腕を伸ばして両手のひらを上下に向き合わせます。

Step 2 手のひらを強く押つけて腕を曲げる

手のひらを強く押しつけ、上の手で押さえながら下の手の腕をゆっくりと曲げていきます。

Step 3 胸の前まで腕を曲げる

両手が胸の前にくるまで腕を曲げます。手の上下を入れ替えて左右同様に行います。

この運動で鍛えられる筋肉
上腕二頭筋

上腕三頭筋

この運動による効果

* 腕を曲げてものを持ち上げる動作がラクになる
* 腕をついて体を持ち上げる動作がラクになる
* 腕全体を太くして見栄えよくできる

タオル・アームカール

[運動の強さ] ★★☆☆☆　　[回数] 10回 × 3セット

タオルを利用して、自分の脚を持ち上げることで腕を曲げる力を鍛えます。ダンベルの代わりに自重で高い負荷をかけることができます。

Step 1　タオルを片脚の下に通し片脚で立つ

片脚の腿の下にタオルを通し両端を両手で持ちます。その脚を軽く上げて片脚で立ちます。

Step 2　両腕でタオルを引っ張り持ち上げる

両腕を曲げてタオルを引っ張り、引っ掛けた脚を持ち上げていきます。

Step 3 胸の横まで腕を曲げる

両手が胸の横にくるまでしっかり腕を曲げます。脚の力で負荷を増やすこともできます。

この運動で鍛えられる筋肉
上腕二頭筋

Part 2 ― 部位別筋肉エクササイズ

Point
片脚立ちになるのでバランスをとる力も鍛えられますが、ぐらつく場合は最初は壁にもたれて行ってもかまいません。

この運動による効果

* 腕を曲げてものを持ち上げる動作がラクになる
* 腕を曲げた状態で長く支える力がつく
* 腕全体を太くして見栄えよくできる

Training 3 腕・肩の筋肉　　　Lying Towel Arm Curl

ライイング・タオル・アームカール

[運動の強さ] ★★★☆☆　　[回数] 10回 × 3セット

仰向けになりタオルを利用して、腕を曲げる力で自分の上半身を引っ張りあげます。できるだけ腹直筋を使わずに腕で引っ張るようにします。

Step 1 仰向けでタオルを両脚の下に通す

仰向けで両脚の腿の下にタオルを通し両端を両手で持ちます。膝を直角にふくらはぎを床と平行に持ち上げます。

Step 2 両腕でタオルを引っ張り持ち上げる

両腕を曲げてタオルを引っ張り、上半身を持ち上げていきます。

Step 3 胸の横まで腕を曲げる

腕を曲げ切ったら、ゆっくりと伸ばしながら上半身を戻していきます。

Point
上半身を起こすので腹直筋も使いますが、上腕二頭筋を意識してできるだけ腕の力で上半身を持ち上げていくように心がけます。

この運動で鍛えられる筋肉

上腕二頭筋	腹直筋

この運動による効果

* 腕を曲げてものを持ち上げる動作がラクになる
* 仰向けからものをつかんで起き上がる動作がラクになる
* 電車などで手すりにつかまったとき腕を曲げたまま支えられる

Training 3　腕・肩の筋肉　　　　　　　　　　　　　　　　　　　　　　　　　　Palm Extension

パーム・エクステンション

[運動の強さ]　★☆☆☆☆　　[回数]　左右とも10回 × 3セット

両腕で押し合いをして、互いの腕を曲げる力と伸ばす力を同時に鍛えます。大きな動きを伴わないので場所を選ばず静かにできます。

Step 1　胸の前で両手を上下に合わせる

肩幅に足を広げて立ち、胸の前で両手のひらを上下に向き合わせます。

Step 2　手のひらを強く押つけて腕を伸ばす

手のひらを強く押しつけ、下の手で持ち上げながら上の手の腕をゆっくりと伸ばしていきます。

Step 3 まっすぐ腕を伸ばす

まっすぐまで腕を伸ばします。手の上下を入れ替えて左右同様に行います。

この運動で鍛えられる筋肉

上腕三頭筋

上腕二頭筋

Point

パーム・カールとはちょうど逆の動きで伸ばすほうの腕を意識して鍛えます。エクステンションは「伸ばし」という意味です。往復で組み合わせて行うこともできます。

この運動による効果

* 腕を伸ばしてものを押しのける動作がラクになる
* 腕をついて体を持ち上げる動作がラクになる
* 腕全体を太くして見栄えよくできる

Part 2 ── 部位別筋肉エクササイズ

Training 3 腕・肩の筋肉　　　　　　　　　　　　　　　　　　Towel French Press

タオル・フレンチプレス

[運動の強さ]　★★☆☆☆　　[回数]　左右とも10回 × 3セット

タオルを利用して背中で腕を上下させることによって、腕を延ばす力を鍛えます。
腕を持ち上げることで肩の可動域を広げることもできます。

Step 1　背中側でタオルを縦に持つ

肩幅に足を広げて立ち、肩の上に持ち上げた手で背中にタオルを垂らし、下端を反対側の手で持ちます。

Step 2　上の腕でタオルを引っ張り上げる

下の手でタオルを下に引きながら、上の腕をゆっくりと真上に伸ばしていきます。

Step 3 下の腕でタオルを引っ張り下ろす

上の腕が伸びたら、今度は下の腕でタオルを引っ張って戻します。手の上下を入れ替えて左右同様に行います。

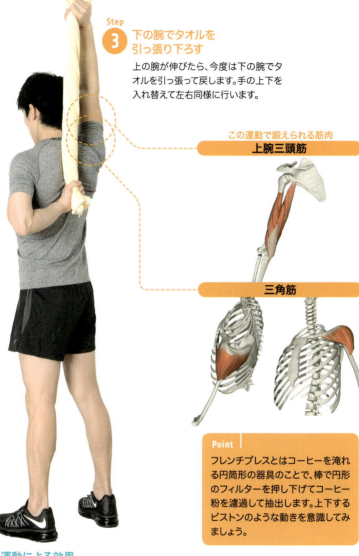

この運動で鍛えられる筋肉

- 上腕三頭筋
- 三角筋

Point

フレンチプレスとはコーヒーを淹れる円筒形の器具のことで、棒で円形のフィルターを押し下げてコーヒー粉を濾過して抽出します。上下するピストンのような動きを意識してみましょう。

この運動による効果

* 背中側から腕を引き上げる動作がラクになる
* ピッチングのように腕を振って前に伸ばす動きが力強くなる
* 肩の関節の可動域を広げられる

Training 3 腕・肩の筋肉　　　　　　　　　　　　　　　　　　Triceps Standing

トライセプス・スタンディング

[運動の強さ] ★☆☆☆☆　　[回数] 左右とも10回 × 3セット

トライセプスとはそのまま三角筋のことです。横向けに寝て片方の腕で腕立て伏せをするように上体を起こして戻します。

Step 1 横向きに寝る

床に横向きになり、上になった腕を曲げて手を下の肩のあたりにつきます。

Step 2 上の腕で上体を起こしていく

上の腕をゆっくりと伸ばして、上体を起こしていきます。

Step 3 上の腕をまっすぐ伸ばす

腕が伸びきったら、ゆっくりと曲げて戻していきます。腕の上下を入れ替えて左右同様に行います。

Part 2 部位別筋肉エクササイズ

この運動で鍛えられる筋肉

| 上腕三頭筋 | 三角筋 |

この運動による効果

* 横向きに寝た状態から起き上がる動作がラクになる
* 引き戸を動かす、ドアを押すような動作がラクになる
* 腕全体を太くして見栄えよくできる

Training 3　腕・肩の筋肉　　　　　　　　　　　　　　　　　Four Phase Arm Standing

4フェーズ・アーム・スタンディング

[運動の強さ]　★★★☆☆　　[回数]　左右10回ずつ × 3セット

4フェーズとは動きに4つの段階があるということです。①両腕を曲げる→②片腕を伸ばす→③両腕を伸ばす→④片腕を曲げるを繰り返します。

Step 1　両肘をついてうつ伏せになる

床にうつ伏せになり、つま先と曲げた両腕で体を支えます。体は一直線に浮かせて保ちます。

Step 2　片腕を伸ばす

右腕は曲げたまま、左腕を伸ばします。

Step 3 両腕を伸ばす

両腕を伸ばして体を支えます。

Step 4 片腕を曲げる

先に伸ばした左腕を曲げて肘をつき、右腕は伸ばしたまま支えます。最後に右腕を曲げて❶に戻ります。

Part 2 部位別筋肉エクササイズ

この運動で鍛えられる筋肉

上腕三頭筋	三角筋

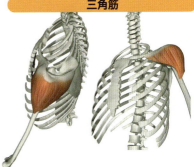

この運動による効果

* うつ伏せの状態から起き上がる動作がラクになる
* 引き戸を動かす、ドアを押すような動作がラクになる
* 腕全体を太くして見栄えよくできる

Training 3　腕・肩の筋肉　　　　　　　　　　　　　　　　　　Towel Extension

タオル・エクステンション

[運動の強さ]　★☆☆☆☆　　[回数]　各10回 × 3セット

タオルを上下・左右に引っ張るだけのシンプルなエクササイズです。身近にあるもので三角筋を鍛えて肩の関節を強くすることができます。

Step 1 タオルを左右に引っ張る

肩幅に足を広げて立ち、タオルの両端を持って胸の高さに伸ばした両腕を左右に引っ張ります。

Step 2 タオルを上下に引っ張る

肩幅に足を広げて立ち、タオルの両端を持って体の前に伸ばした両腕を上下に引っ張ります。腕の上下を入れ替えて左右同様に行います。

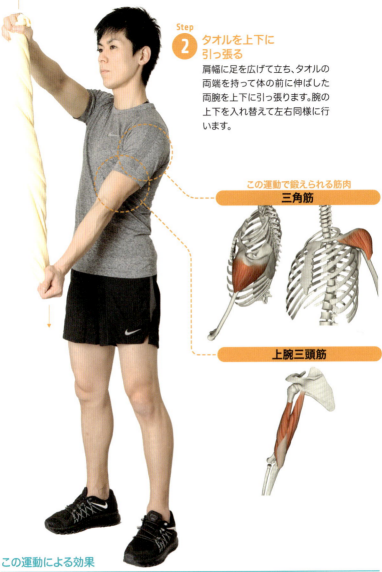

この運動で鍛えられる筋肉
- 三角筋
- 上腕三頭筋

この運動による効果

* 腕を持ち上げる動作がラクになる
* 引き戸を動かす、ドアを押すような動作がラクになる
* 肩の動きを柔軟にして肩痛を予防できる

Training 3 腕・肩の筋肉 — Delta Push

デルタ・プッシュ

[運動の強さ] ★★★☆☆ [回数] 10回 × 3セット

三角筋を鍛えるエクササイズ。手を真上に持ち上げて腕を伸ばす動作は、高いところに重いものを持ち上げるときに役に立ちます。

Step 1 お尻を上げて床に手をつく

肩幅に足を広げて立ち、両手を肩幅の1.5倍に広げて床について、お尻を三角形に持ち上げます。

Step 2 両腕を曲げていく

背中から腕をまっすぐに保ったまま、ゆっくりと両腕を外側に曲げていきます。

Step 3 頭を床の直前で止めてゆっくり戻していく

頭をできるだけ床に近づけたら、ゆっくりと腕を伸ばしていきます。

Part 2 ── 部位別筋肉エクササイズ

この運動で鍛えられる筋肉

| 三角筋 | 上腕三頭筋 |

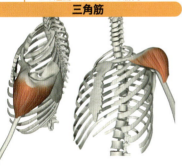

この運動による効果

* 腕を持ち上げる動作がラクになる
* 高いところにものを押し上げる動作がラクになる
* 肩の筋肉が強調されるので逞しく見えるようになる

Training 3 腕・肩の筋肉　　Delta Rotation

デルタ・ローテ

[運動の強さ] ★★☆☆☆　　[回数] 左右とも10回 × 3セット

片腕で支えることで片側の三角筋により高い負荷がかかります。足を肩幅に開いて片腕を持ち上げ、バランスをとります。

Step 1 床に両手をつき体をまっすぐに伸ばす

床に両手とつま先をついて腕をまっすぐ伸ばします。両脚と両手は肩幅くらいにします。

Step 2 片腕を上げていく

片手に体重を残して、体をひねって片腕をゆっくりと上げていきます。

この運動で鍛えられる筋肉
三角筋

上腕三頭筋

Step 3 真上で静止してから戻していく

腕を真上に伸ばして少し静止してから、戻していきます。左右とも同様におこないます。

この運動による効果

* 腕を真横に持ち上げる動作がラクになる
* 体の外側に腕を突き出す力が強くなる
* 肩の筋肉が強調されるので逞しく見えるようになる

Training 3 腕・肩の筋肉　　Upper Shoulder Push

アッパー・ショルダー・プッシュ

[運動の強さ]　★★★☆☆　　[回数]　10回 × 3セット

プッシュアップのバリエーションですが、腕を遠くに伸ばすことで肩により負荷がかかります。はじめは無理をせずに少しずつ回数を増やしましょう。

Step 1 床に両手をつき体をまっすぐに伸ばす

床に両手とつま先をついて、腕を前方45度くらいにまっすぐ伸ばします。両手は肩幅の1.5倍くらいにします。

Step 2 腕を曲げていく

肘が外側に出るように、ゆっくりと腕を曲げていきます。

この運動で鍛えられる筋肉
三角筋

Step 3 腕を曲げきったら持ち上げる

胸が床につくくらいまで腕を曲げたら、ゆっくり戻していきます。

上腕三頭筋

この運動による効果

* 腕を前に持ち上げる動作がラクになる
* 重いものを前に押しのける力が強くなる
* 肩の筋肉が強調されるので逞しく見えるようになる

Training 4 → 背中・体幹・首の筋肉

背中の筋肉

広背筋
こうはいきん

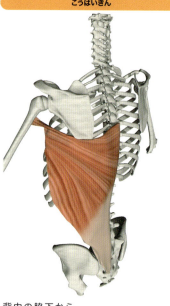

背中の脇下から腰までを覆う大きい筋肉です。脊椎と骨盤から伸びて上腕骨につながっています。腕を背中側に引っ張り、離れている腕を体に引きつける動作をします。ものを引っ張るときに大切な筋肉です。

大円筋
だいえんきん

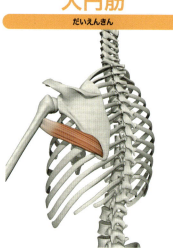

肩甲骨の外側の下から上腕骨につながっています。広背筋とともに腕を後ろに引っ張り、体に引きつける動作をします。腕を内側にひねる働きもあります。

> 背中の筋肉は、肩甲骨と肩の関節を操って
> 腕をあらゆる方向に動かしている影の主役です。
> また背骨に沿って走る筋肉は姿勢を保つ役割をしています。

ローテーターカフ

Rotator Cuff

肩関節についている以下の4つの筋肉の総称です。肩甲骨の安定と腕の動作に欠かせません。運動では特に投げる動作に関係し、「肩を壊す」というのはこれらに傷害が起こることです。四十肩や五十肩の要因でもある筋肉群です。

小円筋　　しょうえんきん

肩甲骨の表側の下から肩の関節につながっています。腕を体に引きつけ、外にひねる働きがあります。

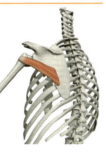

棘下筋　　きょくかきん

肩甲骨の表側下の背中寄りから肩の関節につながっています。腕を外にひねる働きがあります。

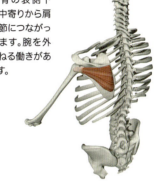

棘上筋　　きょくじょうきん

肩甲骨の表側上の背中寄りから肩の関節につながっています。腕を上げる働きがあります。

肩甲下筋　　けんこうかきん

肩甲骨の裏側から肩の関節につながっています。腕を内側に水平に持ち上げ、内にひねる働きがあります。

Training 4　背中・体幹・首の筋肉

背中の筋肉

菱形筋
りょうけいきん

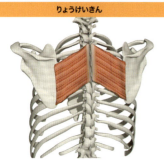

肩甲骨と脊椎とをつないでいる筋肉です。肩甲骨を内側に引き寄せて、胸を張るような動作に使われます。この筋力が弱いと猫背になりやすくなります。

僧帽筋
そうぼうきん

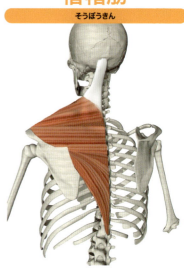

首の筋肉

胸鎖乳突筋
きょうさにゅうとつきん

胸骨と鎖骨から耳の後ろの頭蓋骨のでっぱり「乳様突起」につながっているのでこう呼ばれます。頭を左右に回転させ、前下方に引っぱる働きがあります。頭を横に向けると、首の前に浮き出します。首のこりはこの筋肉の緊張や疲労によります。

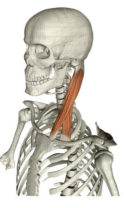

背中の中段から上段、そして肩の表面にまたがる大きな筋肉です。後頭部と背中中部から両肩までを菱形に覆っています。肩甲骨を寄せたり、上げたりする動作に使われます。いつも首を支えて背筋を伸ばし、腕をぶら下げているので、肩こりの原因としても有名です。

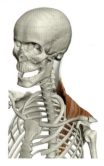

体幹・首の筋肉

脊柱起立筋
せきちゅうきりつきん

首からお尻まである脊椎の両脇に上下に走り、体を支える役割を担う筋肉です。背中を反らせる動作にも使われます。

頸腸肋筋　けいちょうろくきん

首の骨と肋骨をつないでいます。

胸腸肋筋　きょうちょうろくきん

上の肋骨と下の肋骨をつないでいます。

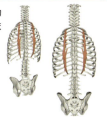

腰腸肋筋　ようちょうろくきん

骨盤から複数の肋骨につながっています。

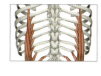

頭最長筋　とうさいちょうきん

頭蓋骨の下端から複数の首の骨につながっています。

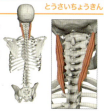

胸最長筋　きょうさいちょうきん

骨盤から伸びて腰、背中まで広く脊椎につながっています。

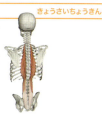

頸棘筋　けいきょくきん

上の首の骨と下の首の骨をつないでいます。

胸棘筋　きょうきょくきん

上の背骨と下の背骨をつないでいます。

Training 4 背中・体幹・首の筋肉　　　　　　　　Palm Pull

パームプル

[運動の強さ] ★☆☆☆☆　　[回数] 10回 × 3セット

両手で引っ張り合いをして、互いの腕の引っ張る力を同時に鍛えます。大きな動きを伴わないので場所を選ばず静かにできます。

Step 1 胸の前で両手の指を組む

肩幅に足を広げて立ち、胸の前で両手の指をかけ、互いに外に引っ張り合います。

Step 2 手を片側に動かす

組んだ手をゆっくりと片側に動かしていきます。

Step 3 反対側に動かす

ゆっくり反対側に動かしていきます。

この運動で鍛えられる筋肉

広背筋

三角筋（後部）

この運動による効果

* 引き戸を動かす、ドアを引く動作がラクになる
* 重いものを手前に引っ張る力が強くなる
* 背中が丸くなるのを防ぎ姿勢をよくする

Training 4 背中・体幹・首の筋肉　　　Towel Lat Pulldown

タオル・ラット・プルダウン

[運動の強さ] ★☆☆☆☆　　[回数]　10回 × 3セット

ラットとは英語で広背筋を意味する「latissimus dorsi」の略です。タオルを使って上に伸ばした腕を曲げて体の近くまで引きつけます。

Step 1 タオルを持った腕を真上に持ち上げる

肩幅に足を広げて、膝を曲げお尻を出すように立ち、タオルの両端を握った腕を真上に伸ばします。両手の幅は肩幅の1.5倍くらいにし、タオルを左右に思いっきり引っ張ります。

Step 2 腕を頭の後ろに曲げていく

タオルが頭の後ろを通るように両腕をゆっくり曲げていきます。

Step 3 首まで腕を曲げる

タオルが首の後ろにくるまで腕を曲げます。

この運動で鍛えられる筋肉

三角筋

大円筋

広背筋

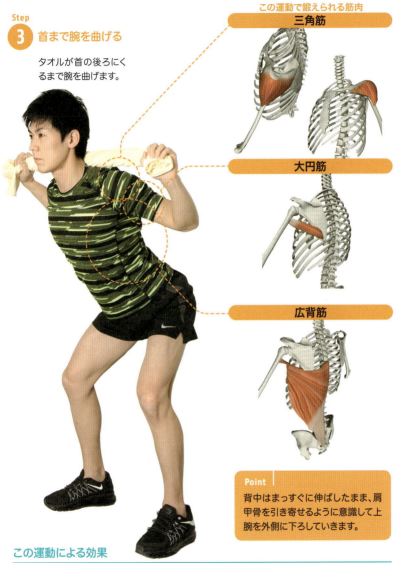

Point
背中はまっすぐに伸ばしたまま、肩甲骨を引き寄せるように意識して上腕を外側に下ろしていきます。

この運動による効果
* 上に伸ばした腕を引き寄せる動作がラクになる
* 背中が丸くなるのを防ぎ姿勢をよくする
* 肩関節の可動域を広げられる

Training 4 背中・体幹・首の筋肉　　　　Towel Rowing

タオル・ローイング

[運動の強さ] ★★☆☆☆ ― [回数] 10回 × 3セット

ローイングとは舟を漕ぐ動作のことです。タオルを使って補助をし、その名の通りオールを引くように背中を使って腕を引きつけます。

Step 1 タオルを足にかけて両手で握る

椅子に浅く腰かけ、かかとを置いた足の裏にタオルをかけて、伸ばした手で両端を握ります。

Step 2 タオルを引っ張り上体を曲げていく

背中を伸ばしたまま、肩や肘を後ろに引っ張るように腕を引きつけて上体を倒していきます。

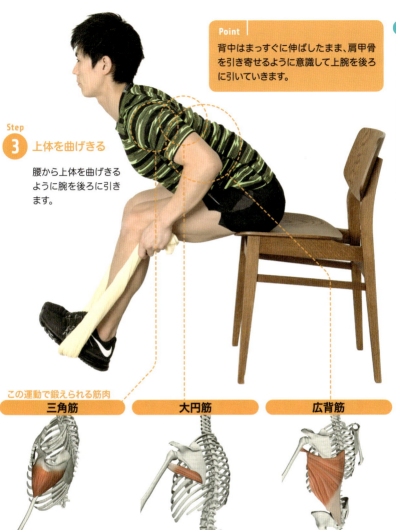

Point
背中はまっすぐに伸ばしたまま、肩甲骨を引き寄せるように意識して上腕を後ろに引いていきます。

Step 3 上体を曲げきる

腰から上体を曲げきるように腕を後ろに引きます。

この運動で鍛えられる筋肉

| 三角筋 | 大円筋 | 広背筋 |

この運動による効果

* 前に伸ばした腕を引き寄せる動作がラクになる
* 背中が丸くなるのを防ぎ姿勢をよくする
* 重いものを引き寄せる力が強くなる

Training 4 背中・体幹・首の筋肉 　　　　　　　　　　　Supine Elbow Pushup

スパイン・エルボー・プッシュアップ

[運動の強さ] ★★★☆☆　　[回数] 10回 × 3セット

スパインとは仰向けのことです。仰向けから上体を肘で押し上げる、裏返しのプッシュアップです。腕を後ろに引く力を強くします。

Step 1 仰向けになり肘を曲げる

仰向けになり両膝を立てます。両肘を直角に曲げます。

Step 2 肘で上半身を押し上げる

背中を伸ばしたまま、肘を床に押し付けて上体を起こしていきます。

Step 3 最大限上体を起こす

腕を後ろに引いてできるだけ上半身を起こします。

Point

背中はまっすぐに伸ばしたまま、肩甲骨を引き寄せるように意識して上腕を後ろに引いていきます。

Part 2 部位別筋肉エクササイズ

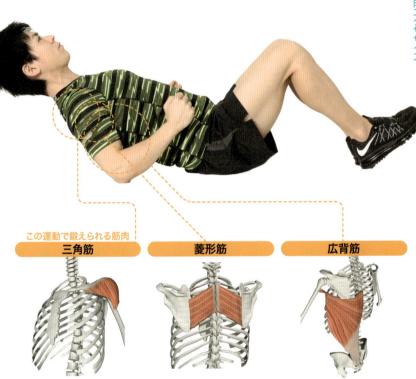

この運動で鍛えられる筋肉

| 三角筋 | 菱形筋 | 広背筋 |

この運動による効果

* 仰向けから体を起こす動作がラクになる
* 背中が丸くなるのを防ぎ姿勢をよくする
* 肩関節の可動域を広げられる

Training 4 背中・体幹・首の筋肉　　　　　　　　　　　　　Prone Leg Raise

プローン・レッグ・レイズ

[運動の強さ]　★☆☆☆☆　　[回数]　左右とも10回 × 3セット

プローンとはうつ伏せのことです。うつ伏せになって両手と膝で立ち、片脚ずつ持ち上げて（レッグ・レイズ）後ろに伸ばします。脊柱起立筋を鍛えます。

Step 1 四つんばいになる

うつ伏せになり、両手を床につき膝を直角に曲げて四つんばいの姿勢になります。

Step 2 片脚を後ろに伸ばす

片脚を浮かせてゆっくりと後ろに伸ばしていきます。

Step 3 水平より高く上げる

伸ばした脚をできるだけ高く上げるようにします。脚を変えて左右ともおこないます。

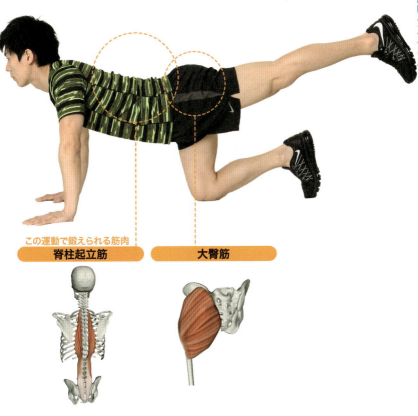

この運動で鍛えられる筋肉

| 脊柱起立筋 | 大臀筋 |

この運動による効果

* 腰が曲がるのを防いで姿勢をよくする
* 脊椎を安定させて立っている状態が疲れにくくなる
* 腰痛を予防する

Part 2 — 部位別筋肉エクササイズ

Training 4 背中・体幹・首の筋肉　　Prone Back Extension

プローン・バック・エクステンション

[運動の強さ]　★★☆☆☆　　[回数]　10回 × 3セット

うつ伏せの状態から、両腕と両脚を持ち上げてエビ反りの状態になります。腰を痛めないように反動を使わずにゆっくりと行います。

Step 1 うつ伏せになる

床にうつ伏せになり、手と脚は自然に伸ばします。

Step 2 両手と両脚を浮かせる

背中に力を入れて両腕と両脚を浮かせていきます。

Point

腕を引き上げるには肩甲骨を引き寄せるように意識します。腰椎を強く曲げるので、腰痛がある場合は無理をしないように注意しましょう。

Step 3 最大限高く上げる

腕と脚をできるだけ高く床から持ち上げます。

この運動で鍛えられる筋肉

| 僧帽筋 | 大円筋 | 脊柱起立筋 |

この運動による効果

* 腰が曲がるのを防いで姿勢をよくする
* 脊椎を安定させて立っている状態が疲れにくくなる
* 腰痛を予防する

Training 4 背中・体幹・首の筋肉　　　　　　　　　　　　　　　Good Morning

グッド・モーニング

[運動の強さ]　★☆☆☆☆　　[回数]　10回 × 3セット

かわいい名前ですが、その名のようにお辞儀をするような姿勢で背中の筋肉を鍛えます。背中が丸くならないようにまっすぐ伸ばして行います。

Step 1 腕を組んで立つ

肩幅に足を広げて立ち、腕は胸の前で浮かせて軽く組みます。

→

Step 2 上体を倒す

背中をまっすぐに保ったまま、ゆっくりと上体を倒していきます。

→

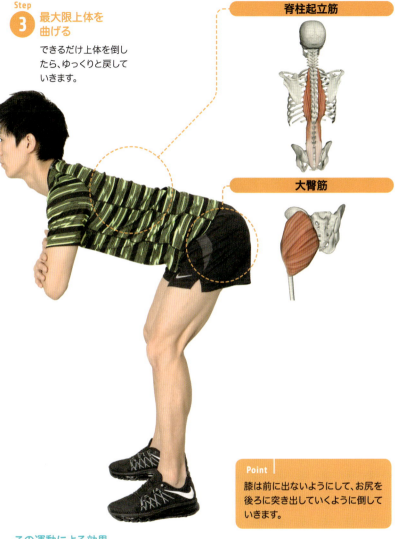

Step 3 最大限上体を曲げる

できるだけ上体を倒したら、ゆっくりと戻していきます。

この運動で鍛えられる筋肉

脊柱起立筋

大臀筋

Point
膝は前に出ないようにして、お尻を後ろに突き出していくように倒していきます。

この運動による効果
* 腰が曲がるのを防いで姿勢をよくする
* 脊椎を安定させて立っている状態が疲れにくくなる
* 腰痛を予防する

Part 2 ― 部位別筋肉エクササイズ

Training 4 背中・体幹・首の筋肉　　Skydive Back Extension

スカイダイブ・バック・エクステンション

[運動の強さ] ★★★☆☆　　[回数] 10回 × 3セット

プローン・バック・エクステンションを椅子の上で行います。両腕と両脚を下げた状態から行うので、より脊椎の動きが大きくなります。

Step 1 椅子の上にうつ伏せになる
椅子の座面の上に腹を乗せてうつ伏せになり、手と脚は斜め下へ自然に伸ばします。

Point
腕を引き上げるには肩甲骨を引き寄せるように意識します。腰椎を強く曲げるので、腰痛がある場合は無理をしないように注意しましょう。

この運動で鍛えられる筋肉

脊柱起立筋

Step 2 両手と両脚を浮かせる
背中に力を入れて両腕と両脚を浮かせていきます。

大円筋

Step 3 最大限高く上げる
腕と脚をできるだけ高く床から持ち上げます。

大臀筋

この運動による効果

* 腰が曲がるのを防いで姿勢をよくする
* 脊椎を安定させて立っている状態が疲れにくくなる
* 腰痛を予防する

Training 4 背中・体幹・首の筋肉 　　　Supine Head Lift

頷き

[運動の強さ]　★☆☆☆☆　　[回数]　10回 × 3セット

仰向けの状態から首を持ち上げます。重い頭を利用して支える首の筋肉を鍛えておくと、疲労からくる頭痛や肩こりを予防することができます。

Step 1 仰向けになる

仰向けになります。

Step 2 頭を持ち上げる

できるだけ高く頭を持ち上げます。

この運動で鍛えられる筋肉
胸鎖乳突筋

この運動による効果

* 前後方向の揺れに対して頭を水平に保てる
* 乗り物酔いしにくくなる
* 首のこりを予防する

Training 4 背中・体幹・首の筋肉　　　　　　　　　　　　　　　　Prone Head Lift

顔上げ

[運動の強さ]　★☆☆☆☆　　[回数]　10回 × 3セット

うつ伏せの状態から首を持ち上げます。重い頭を利用して支える首の筋肉を鍛えておくと、疲労が原因の頭痛や肩こりを予防することができます。

Step 1 うつ伏せになる

うつ伏せになります。両手は頭の横に置きます。

Step 2 頭を持ち上げる

できるだけ高く頭を持ち上げます。

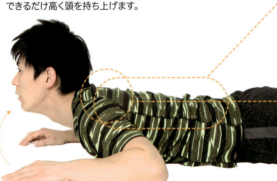

この運動で鍛えられる筋肉

脊柱起立筋

僧帽筋

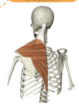

この運動による効果

* 前後方向の揺れに対して頭を水平に保てる
* 乗り物酔いしにくくなる
* 肩こりを予防する

Training 4 背中・体幹・首の筋肉　　Lateral Position Head Lift

横曲げ

[運動の強さ] ★☆☆☆☆　　[回数] 10回 × 3セット

横に寝た状態から首を持ち上げます。重い頭を利用して支える首の筋肉を鍛えておくと、疲労が原因の頭痛や肩こりを予防することができます。

Step 1 横向けになる

横向けに寝て、首の力を抜きます。

Step 2 頭を持ち上げる

できるだけ高く頭を持ち上げます。左右とも行います。

この運動で鍛えられる筋肉

脊柱起立筋

胸鎖乳突筋

この運動による効果

* 横方向の揺れに対して頭を水平に保てる
* 乗り物酔いしにくくなる
* 首のこりを予防する

Part 2 部位別筋肉エクササイズ

Training 5 → 脚・尻の筋肉

脚（大腿）の筋肉

大腿四頭筋
だいたいしとうきん

太ももの前面にある4つの筋肉の総称です。太い筋肉が多く、膝を伸ばす役割を果たします。歩いたり走ったりするときに蹴りだす力を生む、重要な筋肉群です。

大腿直筋
だいたいちょくきん

この筋肉は骨盤から出ています。中間広筋にかぶさって太ももの前面を覆い、膝頭を通ってすねの骨までつながっています。膝を伸ばす動作・股関節を曲げて太ももを引き上げる動作をします。

中間広筋
ちゅうかんこうきん

大腿骨のつけ根から骨の前面についており、膝頭を通ってすねの骨までつながっています。

中側広筋
ないそくこうきん

大腿骨のつけ根から骨の内側についており、膝頭を通ってすねの骨までつながっています。

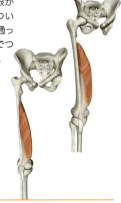

外側広筋
がいそくこうきん

大腿骨のつけ根から骨の外側についており、膝頭を通ってすねの骨までつながっています。

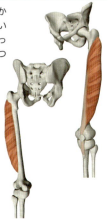

人が自由に移動できるのも脚とお尻の筋肉のおかげです。
表側は膝を伸ばす筋肉、裏側は膝を曲げる筋肉で、
お尻の筋肉は股関節を制御しています。

ハムストリングス

Hamstring

太ももの裏側にある3つの筋肉の総称です。股関節を伸ばし、膝を曲げる役割を果たします。歩いたり走ったりするときに脚を上げる重要な筋肉群です。

大腿二頭筋　　だいたいにとうきん

太ももの裏の大きな筋肉で、上はその名の通り2か所、お尻の骨（坐骨結節）と大腿骨外側についています。下は膝下の外側の骨（腓骨）までつながっています。膝の裏に現れる2本のスジの外側です。

半膜様筋　　はんまくようきん

お尻の骨（坐骨結節）から太ももの内側を通って、すねの骨の内側につながっています。

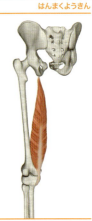

半腱様筋　　はんけんようきん

お尻の骨（坐骨結節）の内側から太ももの内側を通って、すねの骨の内側につながっています。膝の裏に現れる2本のスジの内側です。

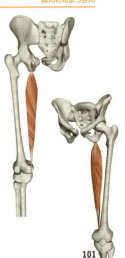

脚(下腿)の筋肉

ヒラメ筋
ひらめきん

膝下裏側の筋肉で、膝下の外側の骨(腓骨)からかかとまでつながっており、かかとのところはアキレス腱です。足首を伸ばす動作をして、立っているとき、歩いているときにバランスを保つのに重要な筋肉です。

腓腹筋
ひふくきん

ヒラメ筋より表面にある「ふくらはぎ」の筋肉です。上は2つに分かれて大腿骨の内側と外側についており、膝を曲げる動作をします。下はやはりアキレス腱です。ヒラメ筋と合わせて下腿三頭筋ともいいます。

前脛骨筋
ぜんけいこつきん

すねの骨(脛骨)の前についており、足の土踏まずまで続いています。足首を持ち上げて動かすとスジが見えます。足首を曲げる役割があり、つま先を持ち上げたり足を内に向けます。つまずく場合はこの筋肉を鍛えましょう。

尻の筋肉

大臀筋
だいでんきん

お尻の表層にある一番大きな筋肉で、骨盤の後ろ側の広い範囲から大腿骨につながっています。股関節で脚を伸ばし、脚を外にひねる役割もあります。歩くときには足を着地する前後に使われます。

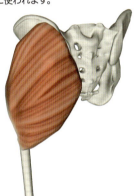

中臀筋
ちゅうでんきん

大臀筋の内側にある筋肉で、骨盤から大腿骨の先（大転子）につながっています。股関節で脚を横方向に広げる筋肉です。片脚で立つときに骨盤を水平に支えてバランスをとります。体を揺らさずにまっすぐ歩くのに重要な筋肉です。

小臀筋
しょうでんきん

中臀筋のさらに内側にある筋肉で、骨盤から大腿骨の先（大転子）につながっています。脚を内にひねる役割があります。

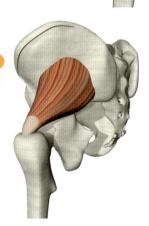

Training 5 脚・尻の筋肉

スクワット

[運動の強さ] ★★☆☆☆   [回数] 10回 × 3セット

「しゃがむ」という意味のスクワット。キングオブエクササイズ、筋トレの王様ともいわれます。ケガを防ぐために我流ではなく正しいフォームで行いましょう。

Step 1 腕を組んで立つ

肩幅に足を広げて立ち、腕は胸の前で浮かせて軽く組みます。

Step 2 膝を曲げてお尻を落とす

背中をまっすぐに保ったまま、膝を曲げてお尻を落としていきます。

Step 3 太ももを床に水平にする

太ももが水平になるまでお尻を落としたら、ゆっくりと戻していきます。

この運動で鍛えられる筋肉

大腿四頭筋

大臀筋

脊柱起立筋

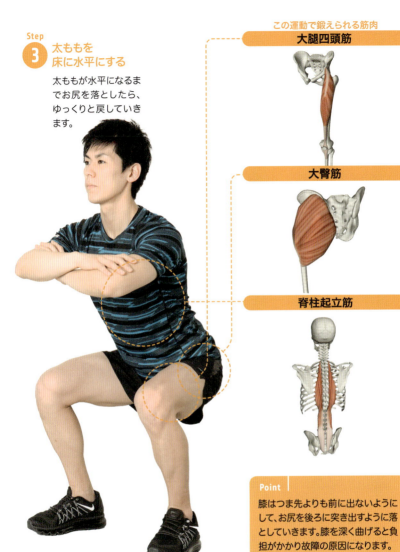

Point
膝はつま先よりも前に出ないようにして、お尻を後ろに突き出すように落としていきます。膝を深く曲げると負担がかかり故障の原因になります。

この運動による効果
* しゃがんだり座った姿勢から立ち上がるのがラクになる
* ヒップアップで見た目がよくなる
* 姿勢を安定させる

Part 2 部位別筋肉エクササイズ

Training 5 脚・尻の筋肉 Leg Sprit Bound

レッグ・スプリット・バウンド

[運動の強さ]　★★☆☆☆　　[回数]　左右とも10回 × 3セット

片脚を大きく前に開いて（スプリット）、その脚で体を受け止めて弾ませるように（バウンドして）元に戻ります。膝を伸ばす大腿四頭筋を鍛えます。

Step 1　片脚を大きく踏み出す

直立姿勢から、片脚を歩幅より大きく踏み出します。

Point
膝に痛みがある場合は無理に行わないでください。

Step 2　膝を曲げて腰を落とす

背中を垂直に保ったまま、ゆっくりと膝を曲げて腰を落としていきます。

Step 3 太ももを床に水平にする

太ももが水平になるまで腰を落としたら、前脚で押し返すようにして直立姿勢に戻していきます。脚を変えて左右とも行います。

この運動で鍛えられる筋肉

大腿四頭筋

大臀筋

脊柱起立筋

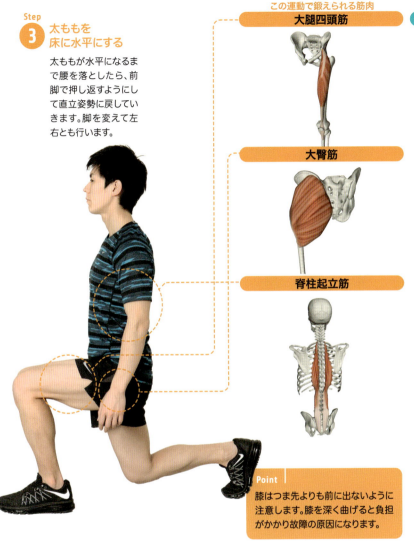

Point
膝はつま先よりも前に出ないように注意します。膝を深く曲げると負担がかかり故障の原因になります。

この運動による効果

* しゃがんだり座った姿勢から立ち上がるのがラクになる
* ヒップアップで見た目がよくなる
* 姿勢を安定させる

Training 5 脚・尻の筋肉　　Back Lunge

バック・ランジ

[運動の強さ]　★★☆☆☆　　[回数]　左右とも10回 × 3セット

レッグ・スプリット・バウンドの後ろ向きの動きです。片脚を大きく後ろに踏み出し（ランジ）、腰を落としてから元に戻ります。

Step 1　片脚の膝を引き上げる

直立姿勢から、片脚の膝を水平に持ち上げます。

Step 2　上げた脚を後ろに振り出す

背中を垂直に保ったまま、上げた足を大きく後ろに振り出し、着地したら腰を落としていきます。

Point
膝に痛みがある場合は無理に行わないでください。

Step 3 太ももを床に水平にする

太ももが水平になるまで腰を落としたら、後脚で押し返すようにして直立姿勢に戻していき、足をつかずに❶の姿勢に戻ります。脚を変えて左右とも行います。

この運動で鍛えられる筋肉

腸腰筋

大臀筋

大腿四頭筋

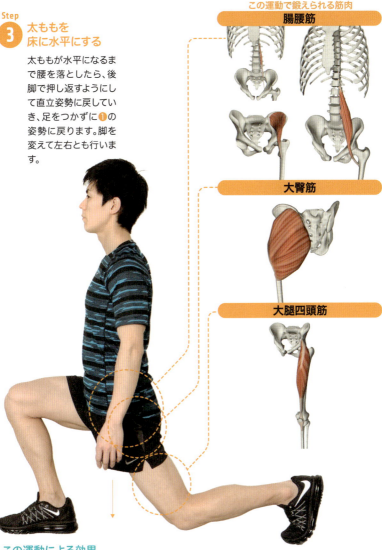

この運動による効果

* 歩いたり走ったりするときの踏み出す力が強くなる
* ヒップアップで見た目がよくなる
* 姿勢を安定させる

Training 5 脚・尻の筋肉

ゴー・バック

[運動の強さ] ★★★☆☆　[回数] 左右とも10回 × 3セット

レッグ・スプリット・バウンドとバックランジを連続して行う動きです。途中で足を
つかずに片脚でバランスをとるための力も必要になります。

Step 1 片脚を踏み出す

直立姿勢から、片脚を踏み出します。

Step 2 腰を落とす

背中を垂直に保ったまま、足を大きく前に踏み出し、太ももが水平になるまで腰を落としていきます。

Step 3 体を垂直に戻す

前脚で押し返すようにして直立姿勢に戻していきます。

Step 4 そのまま後ろに踏み出す

戻した足をつかないまま後ろに振り出します。着地したら腰を落としていきます。

Point
膝に痛みがある場合は無理に行わないでください。

この運動で鍛えられる筋肉
大臀筋

Step 5 体を垂直に戻す

太ももが水平になるまで腰を落としたら、後ろ脚で押し返すようにして直立姿勢に戻していき、足をつかずに❶の姿勢に戻ります。脚を変えて左右とも行います。

中臀筋

大腿四頭筋

この運動による効果
* 歩いたり走ったりするときの踏み出す力が強くなる
* 片脚を上げたときのバランスをくずさないようになる
* 姿勢を安定させる

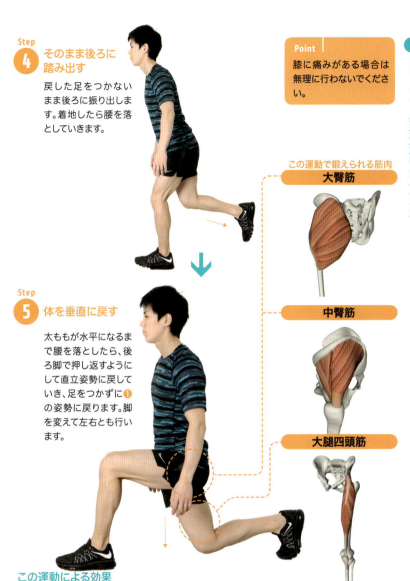

Training 5　脚・尻の筋肉　　　　　　　　　　　　　　　　　　　　　　　　Sissy Squat

シシー・スクワット

[運動の強さ]　★★★☆☆　　[回数]　10回 × 3セット

あえて、つま先よりも膝を前に出すことにより、腿前への負荷を大きくします。シシーとは「女々しい」「腰抜け」という意味ですが、名前ほどラクな動きではありません。

Step 1 直立する

肩幅に両脚を広げて立ちます。

Point

膝に痛みがある場合は無理に行わないでください。負荷が高い場合は、最初は片手で椅子につかまって行う方法もあります。

Step 2 膝を前に出す

膝から上はまっすぐに伸ばしたまま、つま先立ちで膝を突き出し上体を後ろに倒していきます。

Step 3 下ろした手でかかとに触れる

手でかかとに触れるまで膝を曲げたら、ゆっくりと戻していきます。

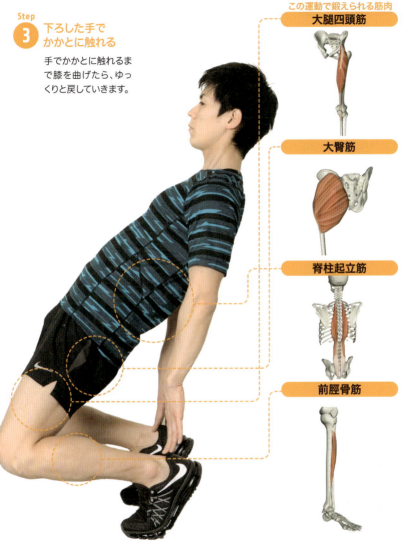

この運動で鍛えられる筋肉

- 大腿四頭筋
- 大臀筋
- 脊柱起立筋
- 前脛骨筋

Part 2 ── 部位別筋肉エクササイズ

この運動による効果

* 歩いたり走ったりするときの踏み出す力が強くなる
* 坂道を上りやすくなる
* 姿勢を安定させる

Training 5 脚・尻の筋肉　　　　　　　　　　　　　　　　Supine Hip Lift

スパイン・ヒップリフト

[運動の強さ] ★☆☆☆☆　　[回数] 10回 × 3セット

仰向け（スパイン）になってお尻を持ち上げます。お尻から太ももの裏側を鍛えて、脚を後ろに引く力を強くすることができます。

Step 1 仰向けになる

仰向けになり両膝を立てます。両腕は斜めに伸ばします。

Step 2 お尻を持ち上げる

両手で床を押さえながら、ゆっくりとお尻を持ち上げていきます。

Part 2 部位別筋肉エクササイズ

Step 3 腰をまっすぐにする

腰がまっすぐに伸びるまでお尻を持ち上げたら、ゆっくりと戻していきます。

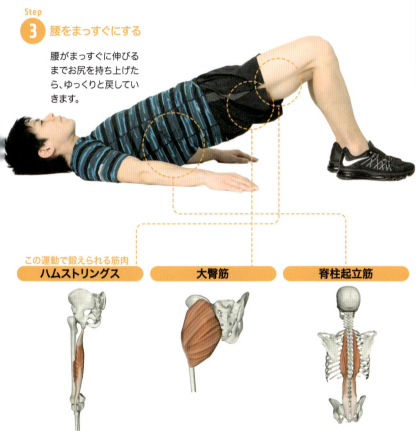

この運動で鍛えられる筋肉

| ハムストリングス | 大臀筋 | 脊柱起立筋 |

この運動による効果

* 歩いたり走ったりするときの踏み出す力が強くなる
* ヒップアップで見た目がよくなる
* 姿勢を安定させる

Training 5　脚・尻の筋肉　　　　　　　　　　　　　　　　　　Stiff-legged Deadlift

スティッフレッグド・デッドリフト

[運動の強さ]　★☆☆☆☆　　[回数]　10回 × 3セット

スティッフとは「硬直した」という意味です。脚の形をわずかに曲げたまま動かさずに、上半身は水平まで倒していきます。

Step 1　直立する

肩幅に両脚を広げて立ちます。

Step 2　上半身を前に倒す

背中をまっすぐ伸ばしたまま、わずかに膝を曲げて、腰から上半身を前に倒していきます。

Step 3 背中を水平にする

下半身はそのままの形で、上半身が水平になるまで倒したら、ゆっくりと戻していきます。

この運動で鍛えられる筋肉

脊柱起立筋

大臀筋

ハムストリングス

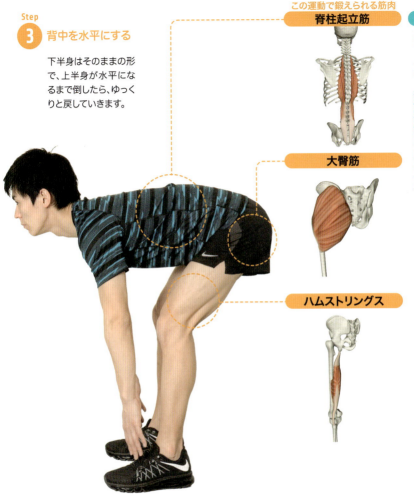

この運動による効果

* 歩いたり走ったりするときの踏み出す力が強くなる
* ヒップアップで見た目がよくなる
* 姿勢を安定させる

Training 5 脚・尻の筋肉　　Lying Leg Curl

ライイング・レッグカール

[運動の強さ]　★★★☆☆　　[回数]　10回 × 3セット

スパイン・ヒップリフトと同じく仰向けになりお尻を持ち上げますが、椅子を使って足を高い位置に上げることでより負荷が高くなります。

Step 1　仰向けになり足を椅子に乗せる

仰向けになり、膝が直角になるように足を椅子に乗せます。両腕は斜めに伸ばします。

Step 2　お尻を持ち上げる

両手で床を押さえながら、ゆっくりとお尻を持ち上げていきます。

Step 3 腰をまっすぐにする

腰がまっすぐに伸びるまでお尻を持ち上げたら、ゆっくりと戻していきます。

この運動で鍛えられる筋肉

脊柱起立筋	大臀筋	ハムストリングス

この運動による効果

* 歩いたり走ったりするときの踏み出す力が強くなる
* ヒップアップで見た目がよくなる
* 姿勢を安定させる

Training 5　脚・尻の筋肉　　　　　　　　　　　　One Leg Stiff-legged Deadlift

ワンレッグ・スティッフレッグド・デッドリフト

[運動の強さ]　★★★☆☆　　[回数]　左右とも10回 × 3セット

スティッフレッグド・デッドリフトを片脚だけで行います。片脚に体重がかかるのでより負荷が高くなり、バランスを保つ筋肉も鍛えられます。

Step 1　片脚で立つ

片脚で立ちます。浮かせた脚は軽く後ろに引きます。

Step 2　上半身を前に倒す

背中をまっすぐ伸ばしたまま、わずかに膝を曲げて、腰から上半身を前に倒していきます。浮かせた脚でバランスをとります。

Step 3　最大限上半身を倒す

下半身はそのままの形で、上半身が水平になるまで倒したら、ゆっくりと❶の姿勢に戻していきます。脚を変えて左右とも行います。

この運動で鍛えられる筋肉
- ハムストリングス
- 大臀筋
- 中臀筋
- 脊柱起立筋

この運動による効果

* 歩いたり走ったりするときの踏み出す力が強くなる
* 片脚を上げたときのバランスをくずさないようになる
* 姿勢を安定させる

Training 5 脚・尻の筋肉　　　　　　　　　　　　　　One Leg Lying Leg Curl

ワンレッグ・ライイング・レッグカール

[運動の強さ]　★★★★☆　　[回数]　左右とも10回 × 3セット

ライイング・レッグカールを片脚だけで行います。片脚だけで持ち上げるのでより負荷が高くなり、バランスを保つ筋肉も鍛えられます。

Step 1　仰向けになり足を椅子に乗せ

仰向けになり、片脚を膝が直角になるように椅子に乗せます。もう一方の脚は膝を揃えて上に伸ばします。

Step 2　お尻を持ち上げる

両手で床を押さえながら、ゆっくりとお尻を持ち上げていきます。

この運動で鍛えられる筋肉

ハムストリングス

大臀筋

Step 3　腰をまっすぐにする

腰がまっすぐに伸びるまでお尻を持ち上げたら、ゆっくりと戻していきます。脚を変えて左右とも行います。

脊柱起立筋

この運動による効果

* 歩いたり走ったりするときの踏み出す力が強くなる
* 片脚を上げたときのバランスをくずさないようになる
* 姿勢を安定させる

Training 5 脚・尻の筋肉　　T.Rex

Tレックス

[運動の強さ] ★★★★☆ ― [回数] 左右とも10回 × 3セット

片脚で立ち、尻尾を伸ばしたティラノサウルスのような姿勢で、支えている片脚を曲げて伸ばします。脚の表・裏、お尻の筋肉にすべて効きます。

Step 1 片脚で立つ

片脚で立ちます。背中をまっすぐ伸ばしたまま、上半身を水平に倒し、浮かせた脚は後ろに伸ばします。

Point

膝に痛みがある場合は無理に行わないでください。負荷が高い場合は、最初は片手で椅子につかまって行う方法もあります。

Step 2 膝を曲げていく

ゆっくり膝を曲げて行きます。浮かせた脚と伸ばした両腕でバランスをとります。

Step 3 最大限膝を曲げる

できるだけ膝を曲げたら、ゆっくりと戻していきます。脚を変えて左右とも行います。

Part 2 ── 部位別筋肉エクササイズ

この運動で鍛えられる筋肉

- 下腿三頭筋
- ハムストリングス
- 大臀筋
- 大腿四頭筋
- 中臀筋

この運動による効果

* 歩いたり走ったりするときの踏み出す力が強くなる
* 片脚を上げたときのバランスをくずさないようになる
* 姿勢を安定させる

Training 5 脚・尻の筋肉　　　　　　　　　　　　　　　　　　Hip External Rotetion

ヒップ・エクスターナル・ローテーション

[運動の強さ]　★★★☆☆　　[回数]　左右とも10回 × 3セット

四つんばいの姿勢で片脚を持ち上げて、股関節を中心に外向きに円を描くように動かします。お尻の筋肉にすべて効きます。

Step 1 四つんばいになり片脚を持ち上げる

四つんばいになり、片脚を持ち上げてまっすぐ水平に伸ばします。

Step 2 脚をさらに高く上げる

そこを中心にして、脚をさらに高い位置に持ち上げてから円を描くように外向きに回します。

Step 3 脚を回転させる

股関節を360度回転させます。脚を変えて左右とも行います。

この運動で鍛えられる筋肉

| 大臀筋 | 中臀筋 | 小臀筋 |

 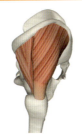 

この運動による効果

* 立っている状態から前後左右にすばやく体を動かすことができる
* 股関節の可動域が広がる
* 姿勢を安定させる

Training 5 脚・尻の筋肉　　　Back Sway Hip Squat

バック・スウェイ・ヒップ・スクワット

[運動の強さ] ★★★☆☆　[回数] 左右とも10回 × 3セット

ボウリングで球を投げ終わったときのポーズのように、片膝を曲げて、もう一方の脚をその後ろに流すように伸ばして腰を落とします。

Step 1 片脚で立つ

片脚で立ち、片脚は膝を曲げて太ももを水平に持ち上げます

Step 2 脚を後ろに引き腰を落としていく

上げた脚を立ち脚の後ろに引いて足の甲を下に向け、腰を落としていきます。腕を広げてバランスをとります。

Step 3 脚を交差させて腰を落とす

立っている膝が直角くらいまで腰を落としたら、ゆっくりと脚を引き上げて❶の姿勢に戻ります。脚を変えて左右とも行います。

Point
膝に痛みがある場合は無理に行わないでください。

この運動で鍛えられる筋肉
- 大臀筋
- 中臀筋
- 小臀筋
- 大腿四頭筋

この運動による効果

* 立っている状態から前後左右にすばやく体を動かすことができる
* 股関節の可動域が広がる
* 姿勢を安定させる

Training 5 脚・尻の筋肉 — Jump One Leg Deadlift

ジャンプ・ワンレッグ・デッドリフト

[運動の強さ] ★★★★★　　[回数] 左右とも10回 × 3セット

Tレックスの姿勢からさらに片脚でジャンプします。片脚ごとに瞬発的な筋力を鍛えられ、ダッシュ力やジャンプ力を向上できます。

Step 1 片脚で立つ
片脚で立ちます。背中をまっすぐ伸ばしたまま上半身を水平に倒し、浮かせた脚は後ろに伸ばします。両腕は床に触れるくらい下ろします。

Step 2 片脚でジャンプする
片脚で勢いよくジャンプします。

Step 3 片脚で着地する
片脚で着地したら、❶の姿勢に戻ります。脚を変えて左右とも行います。

Point
膝に痛みがある場合は無理に行わないでください。

この運動で鍛えられる筋肉
- 大腿四頭筋
- ハムストリングス
- 大臀筋
- 下腿三頭筋

この運動による効果
* 歩いたり走ったりするときの踏み出す力が強くなる
* ダッシュ力やジャンプ力が強化できる
* 姿勢を安定させる

Column

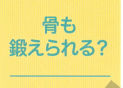

骨も鍛えられる？

本書のはじめに、体のスタイルを形づくるもので、筋肉と脂肪だけが努力で変えることができるものだ、といいました。さて、骨は努力で変えることができないのでしょうか。骨の形や太さや長さは成長が止まると変えることはできません。しかし、強さは変えることができます。それが「骨密度」です。

骨密度は男女ともに30歳くらいが最も高く、年齢とともに低下していきます。加齢などで骨密度が著しく下がってしまうのが骨粗しょう症で、特に女性はホルモンバランスの変化や出産により骨粗しょう症になりやすいのです。軽い衝撃でも骨折してしまうことがあり、さらにそれがきっかけで運動量が落ちると、筋肉量が低下するという悪循環に陥ります。高齢だと寝たきりになる原因にもなります。

骨密度を高めるために重要なのは、食事と運動です。食事は骨の材料となるカルシウム・マグネシウム・タンパク質をしっかりとることです。運動では骨に強い力をかけることが骨密度を高めることがわかっています。これは骨をつくる「骨芽細胞」が、骨にかかる力により生じる電位差によって活性化するためと考えられています（遠藤ら1993年）。

骨に強い力がかかる運動といえばボクシングや空手などを連想しますが、ハードな打撃系でなくてもよいのです。スポーツごとに骨密度を測定したデータがあります（小沢1994年）。骨密度はウエイトリフティングの選手がとても高く、次いで柔道、ラグビー、野球、バレーボール、サッカー、バスケットボールの選手は運動しない人を100としたときに110以上の骨密度がありました。ボディビルディングの選手も110以上です。一方、水泳選手は100より低い結果になっています。しっかりと重さをかけることが大切なのです。

自重トレーニングでも工夫すれば十分に負荷をかけることができます。例えばプッシュアップで地面から受ける力を測定した研究があります（エッベンら2011年）。ふつうのやり方では体重の65％で、床に膝をついて行うと50％、足の位置を30cm上げると70％、60cm上げると75％になりました。つまり体重70kgの人が30cm足を高くしてプッシュアップすると、50kgのベンチプレスをしているのと大差ないのです。筋トレで骨も鍛えたいなら、回数よりも重さを増やしたほうがよいといえるでしょう。

Part 3

目的別トレーニングメニュー

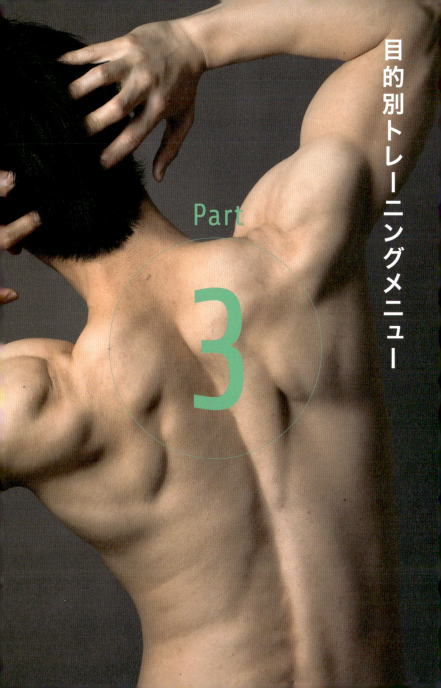

スケジュールの組み方

筋肉を増やすには週2日のトレーニングが最も効果が高くなります。
個人の生活や性向に合わせたスケジュールの組み方を具体的に説明しましょう。

理想の体であり続けよう

　自分の体を変えたいと思ったとき、目標とする体型をまずイメージするでしょう。「夏までの2か月でそうなりたい」というならば、相当にハードな運動（有酸素運動含む）と食事制限が必要になります。しかし、本書をここまで読んできた方は、筋肉を増やす目的は一時的なものではなく、一生にかかわることだとわかっているはずです。目標は「理想の体になる」ことではなく**「理想の体であり続ける」**ことなのです。

　やせるためには「消費カロリー＞摂取カロリー」しかないように、体を変える魔法はありません。必要な「努力×時間」の合計は同じなので、短時間にすると努力のレベルが上がります。すると達成してもリバウンドの危険があります。理想の体であり続けるためには、目標を達成したあとも低い努力レベルでずっと続けることが大切です。理想的には6か月程度かけて体を完成させていくようにしてください。

毎日まんべんなく or 曜日を決めてがっつり

　筋肉の超回復を考えて週2回のペースにするために、スケジュールの組み方は大きく2通りあります。

A) 毎日まんべんなく部位を回して

日によって部位を変えて毎日少しずつ回していく方法です。例えば月曜日に「腹と胸」、火曜日に「腕・肩と背中」、水曜日に「脚・尻」、そして木曜日はまた「腹と胸」、金曜日は「腕・肩と背中」、土曜日は「脚・尻」で各部位とも週2回になります。日曜日は休みです。1回の時間が少ないので気負わずに行えます。

B) 曜日を決めてがっつり全身を

曜日を決めて週2回、全身を一気に行います。例えば「火曜日と土曜日」や「水曜日と日曜日」のように、2日〜3日あけて行います。1回にまとまった時間が必要になりますが、曜日ごとの予定が安定して読める人には比較的やりやすいでしょう。ただ

し1日サボって週1になってしまうと効果は一気に35%まで落ちます。

その中間で週4日のスケジュールを組むことも可能です。各部位が2日〜3日あけて週2日になればいいので、週5日（土日＋平日3日）や週3日（休日＋平日2日）もやり方によって考えられます。仕事や生活パターンに合わせて、自分にとって低いストレスで続けられるほうを選んでください。

決まった時間にやる

1日のうちの時間帯については、脂肪をより減らしたいなら朝（アドレナリンや成長ホルモンの分泌により脂肪の分解が促進されて日中それが消費される）、筋肉をより大きくしたいなら昼から夕方（体温やホルモンの反応が高いので筋肉の筋力が上がる）にやるのがよいといわれています。しかし、忙しい人にとっては仕事の時間を優先せざるをえないでしょう。夜でもとにかくできる時間にやることが一番です。

そして、できるだけ決まった時間にやることが大切です。すると「その時間帯の筋肉の能力」が向上するのです。つまり筋肉がより大きな力を発揮できるので、効率よく筋肉を増やせることになります。そして、何よりも時間を決めてそれを習慣としてしまえば、低いストレスで行えるので、筋トレをやめずに長く続けていくことができるのです。

↓ Aパターン：毎日まんべんなく部位を回して

月	火	水	木	金	土	日
腹と胸	腕・肩と背中	脚・尻	腹と胸	腕・肩と背中	脚・尻	

↓ Bパターン：曜日を決めてがっつり全身を

月	火	水	木	金	土	日
		全身				全身

↓ 週5日パターン

月	火	水	木	金	土	日
	腹と胸	腕・肩と背中	脚・尻		腹と胸と腕・肩	背中と脚・尻

↓ 週3日パターン

月	火	水	木	金	土	日
		腹と胸と腕・肩	背中と脚・尻			全身

腰痛を予防する

生活の中で改善したい目的に応じた筋トレのメニューを紹介していきます。
最初は加齢とともに起こりやすい腰痛を予防するためのメニューです。

⬇ ニータッチ・クランチ
→30ページ

Point
紹介するメニューはあくまで「予防」を目的とするもので、すでに痛みが出ている場合は無理に行うと症状を悪化させるおそれがあります。その場合は医師のアドバイスを受けて慎重に行ってください。

⬇ サイドピラー・ヒップリフト
→44ページ

⬇ プローン・バック・エクステンション
→92ページ

肩こりを軽減する

人間が二本の腕を使って仕事している限り、
どんな人にでも共通して起こる悩みが肩こりです。
その肩こりを軽減するするためのメニューです。

Part 3 ── 目的別トレーニングメニュー

⬇ **タオル・フレンチプレス**
→66ページ

⬇ **タオル・ラット・プルダウン**
→84ページ

⬇ **顔上げ**
→98ページ

膝痛を予防する

膝が痛くなると立つ座るの行動や歩くことがつらくなり、
移動の自由が制限されます。
日常生活に大きな影響が生じる膝痛を予防しましょう。

⬇ レッグ・スプリット・バウンド
→106ページ

⬇ スティッフレッグド・デッドリフト
→116ページ

⬇ チェア・ニートゥチェスト
→32ページ

Point

紹介するメニューはあくまで「予防」を目的とするもので、すでに痛みがる場合は無理に行うと症状を悪化させるおそれがあります。その場合は医師のアドバイスを受けて慎重に行ってください。

姿勢をよくする

姿勢の悪さは見た目の印象だけでなく、
さまざまな体の故障の原因となることもあります。
筋トレですっきりとした姿勢をめざしましょう。

← **チェア・ニートゥチェスト**
→32ページ

→ **ベント・レッグ・ツイスト**
→42ページ

↓ **スパイン・ヒップリフト**
→114ページ

Part — 3 — 目的別トレーニングメニュー

やせる

筋トレですぐにやせるわけではないことは説明しましたが、
より大きな筋肉を動かすと運動代謝が増えるので消費カロリーが上がります。

→ **スクワット**
→104ページ

↓ **サイドピラー・ヒップリフト**
→44ページ

↓ **プッシュアップ**
→51ページ

転倒を予防する

転倒によってケガをしてしまうと、
治癒するまで運動量が落ちてさらに筋肉を減らす悪循環になります。
転ばないための筋肉を鍛えましょう。

Part 3 — 目的別トレーニングメニュー

← **バック・ランジ**
→108ページ

↓ **ワンレッグ・スティッフレッグド・デッドリフト**
→120ページ

↓ **ニータッチ・クランチ**
→30ページ

Column

筋肉がつくと病気に感染しにくい?

スポーツマンは健康だというイメージがあると思います。実際に、筋トレを続けている人は「風邪をひきにくくなった」という実感を持っていることも多いようです。病気になりにくい体というのは、体内に入ってきたウイルスや細菌を水際で退治してしまう免疫系がきちんと機能している状態です。

この免疫系の中心となるのが血液中の白血球です。運動中には血液中の白血球の数が増えることがわかっています。また、適度な運動を継続していると免疫系の働きが高まり、風邪をひきにくくなることもわかっています。筋トレも運動の一種ですから、習慣にすることで風邪をひきにくくなるのも納得できます。

ところで運動中に増える血液中の白血球ですが、激しい運動や長い運動の2時間くらいあとには一時的に減ってしまうことがわかっています。これは運動で損傷や刺激を受けた筋肉や組織に白血球が集まっているためと考えられています。高強度の運動負荷は短期的には体の免疫機能を低下させるのです。

これは「オープンウィンドウ説」と呼ばれます(ペダーセンら1994年)。数日すると免疫力はまた元のレベルまで戻ってくるのですが、強い運動後の数時間は逆に病気にかかりやすい状態になっているのです。運動のあとで汗で体を冷やしたりしないように十分注意する必要があります。また必要な栄養素を補給して体の組織の回復を助けるようにしましょう。

この現象はあくまで一過性のもので、長期的には運動が免疫系の働きを高めることは間違いありません。また、強すぎない適度な運動をした場合は、運動後の免疫力の低下現象は起こりません。

まったく運動しない人に比べて適度に運動する人は病気にかかるリスクが下がり、過度に運動をする人は逆に感染するリスクが上がっていくので、運動量を横軸に病気になりやすさをグラフにすると「Jカーブ」を描きます。筋トレのやり過ぎは筋肉の成長のためにも、病気の感染を防ぐためにもよくありません。長期的なプランで適度な運動を心がけたいものです。

Part 4

スキマ時間にできる筋トレメニュー

電車の通勤時間にできる

忙しくて時間がとれないという人も毎日のスキマ時間を見つけていかせば意外に筋トレできます。通勤や移動の電車はかなりまとまった時間がとれます。

➜ つり革を下げる

この運動で鍛えられる筋肉
広背筋

➜ つり革を逆手で下げる

この運動で鍛えられる筋肉
上腕二頭筋

→ つかまり棒を押す

→ つかまり棒を引っ張る

Part —— **4** —— スキマ時間にできる筋トレメニュー

この運動で鍛えられる筋肉
大胸筋

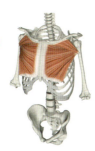

この運動で鍛えられる筋肉
上腕二頭筋

オフィスの椅子でできる

オフィスでデスクワークの時間が長いという人は、座ってばかりで特に脚の筋肉が衰えがちです。休み時間に椅子を利用してできる筋トレで鍛えましょう。

 脚を上げる

 脚を横に上げる

この運動で鍛えられる筋肉
腹直筋

この運動で鍛えられる筋肉
外腹斜筋

内腹斜筋

→ 脚を組んで上げ下げする

Point
組んだ脚を上下に強く押し合って動かすと、脚の前部と後部の筋肉に同時に負荷をかけることができます。

Part 4 ― スキマ時間にできる筋トレメニュー

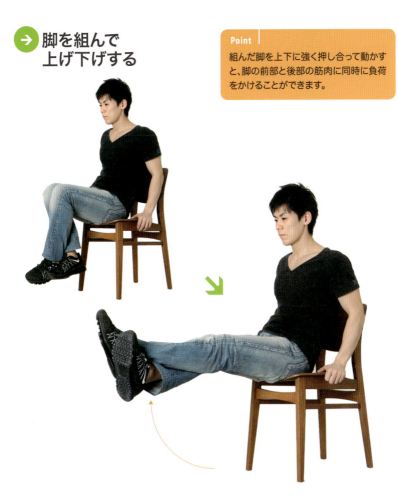

この運動で鍛えられる筋肉

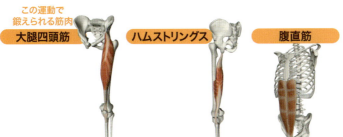

大腿四頭筋　ハムストリングス　腹直筋

車の運転中にできる

仕事で車に乗っている時間が長いという人は姿勢が固定されて運動不足になりがちです。運転中でもできる筋トレで筋肉の減少を食い止めましょう。

→ ハンドルを手前に引っ張る

→ ハンドルを内側に潰す

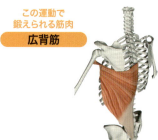

この運動で鍛えられる筋肉
広背筋

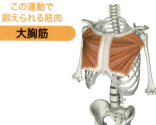

この運動で鍛えられる筋肉
大胸筋

→ ハンドルを左右に引っ張る

この運動で鍛えられる筋肉

- 広背筋
- 三角筋
- 上腕三頭筋

→ ハンドルを上下に引っ張る

この運動で鍛えられる筋肉

- 三角筋
- 上腕三頭筋

Part 4 — スキマ時間にできる筋トレメニュー

トイレでできる

一日に何度か訪れるひとりの時間にスマホを見るのもいいですが、この絶好の機会をいかして少しでも筋肉を増やすのも有効な時間の使い方です。

→ 肩を回す

この運動で鍛えられる筋肉
三角筋

→ バンザイ・サイド・ベンド
→40ページ

この運動で鍛えられる筋肉
外腹斜筋　**内腹斜筋**

→ スクワット
→104ページ

この運動で鍛えられる筋肉

| 大腿四頭筋 | 大臀筋 |

→ パーム・プッシュ
→48ページ

パーム・プル
→82ページ

この運動で鍛えられる筋肉

| 上腕三頭筋 | 大胸筋 |

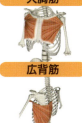

広背筋

Part 4 ― スキマ時間にできる筋トレメニュー

→ パーム・カール
→58ページ

パーム・エクステンション
→64ページ

この運動で鍛えられる筋肉

| 上腕二頭筋 | 上腕三頭筋 |

Column

筋トレで部分やせはできる？

お腹まわりが気になるから腹筋運動を、二の腕を細くしたいから腕立て伏せを、など気になるところの脂肪を落とすためにその部位の筋トレに励む人がいますが、実際にそんなことが可能なのでしょうか。

部分やせができるどうかについては現時点では「わからない」です。「消費カロリー＞摂取カロリー」の公式で食事と運動によって脂肪を燃焼して減らすことはできても、どこの脂肪を分解するかは体が決めることで意思では変えられないからです。しかし「部分やせは可能かも？」という研究と実験結果はあります。

2008年にデンマークのペダーセンらは、筋肉を一定以上の強度で動かすとサイトカイン（細胞から分泌される情報伝達タンパク質）の一種であるインターロイキン-6（IL-6）が筋線維から分泌されることを突き止めました。筋肉から分泌されるサイトカインはマイオカインと呼ばれます。IL-6の働きは時と場所によって多様ですが、筋線維から分泌されたIL-6は脂肪の代謝を促進する働きがあるのです。IL-6は血流によって運ばれて全身に働くほか、周辺の脂肪細胞に作用するといわれています。

一方、デンマークのストールネクトらは2007年、実験で片脚でのニー・エクステンションを行ったあとに両脚の血中のグリセロール（脂肪が分解されたもの）を比較して運動した脚のほうが増加することを確かめました。

2012年にもフィンランドのヘイノネンらが実験を行って、PETとMRIを使って脚の脂肪組織の血流を測定しました。等尺性収縮のニー・エクステンションで同じ脚の太ももの前後の血流を比較した結果、活動している前側の筋肉に隣接した脂肪組織の血流が増加する（つまり代謝も活発になる）ことがわかりました。

これらはいずれも筋トレで「トレーニング部位に隣接する脂肪組織の分解が促進されている」という相関を示すものですが、先のIL-6などとの因果関係が明らかになったわけではありません。しかし、部分やせの可能性を示唆するものになっています。より研究が進むことを期待しましょう。

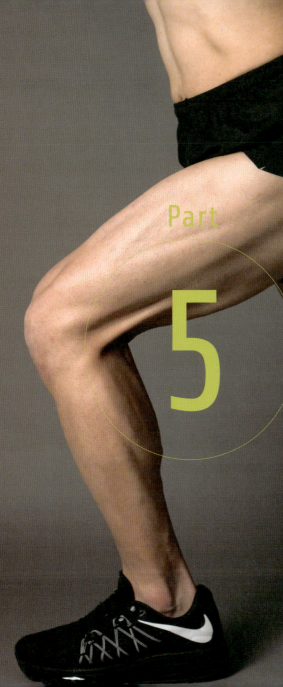

Part

5

より効果的な筋トレを行うために

自分でメニューを決める

ここまで筋トレの基礎理論とエクササイズのやり方を説明してきましたが、ここから先はどういう体をつくりたいかをあなた自身が考えることになります。

どんな体にデザインしたい？

　本書のテーマは「健康で長生きするために筋肉の量を増やしましょう」でシンプルです。人によっては筋トレに期待する効果はもう少し具体的にあるでしょう。Part3では比較的多くの人に共通する体の悩みを解決するためのメニューを紹介しましたが、ほかにも体重を減らしたい、メタボを解消したい、理想のスタイルになりたい、趣味のスポーツがうまくなりたい、などが代表的でしょう。自分のデザインしたい体をしっかり見極めて、筋トレ・有酸素運動・食事を組み合わせて、理想の体に近づくためのトレーニングメニューを考えていきましょう。

筋肉をつけると体重は増える

　筋肉を増やすと、筋肉は脂肪よりも比重が高いのでそのぶん質量は増え、一時的には体重が増えることもあります。しかし、20ページで説明したように、筋肉を増やすことは長期的にはやせやすい体をつくることになります。筋肉が増えるのに反比例して脂肪は消費されて減っていきます。同じ体脂肪率のまま体重を減らすことは筋肉も減ることになるので、本書の趣旨からもおすすめしません。食事制限だけのダイエットではそうなってしまう危険もあるのです。体脂肪率を下げることで全体の体重を減らすことを考えましょう。

脂肪を落としたいなら
食事制限と有酸素運動も

　とにかく脂肪を減らしたい人は、筋トレによる運動代謝と基礎代謝のアップだけではなかなか達成できないでしょう。もう一度思い出してください。やせるには「消費カロリー＞摂取カロリー」の公式だけしかありません。脂肪の分解には運動による刺激と食事制限の2つが効果があり、脂肪の燃焼には運動です。効果的に脂肪を減らしたいなら、**分解には運動＋食事**の両面から臨み、**燃焼には筋トレ＋有酸素運動**の併用で臨みましょう。有酸素運動と食事についてはこのあと説明します。

スポーツによって必要な筋肉は違う

好きなスポーツをうまくなりたい場合、そのスポーツにふさわしい筋肉をつける必要があります。すべての運動の基礎となる体幹の筋肉は共通して鍛えておきたいですが、それ以外はその運動に要求される動き、持続時間を考えて、必要な筋肉を重点的に鍛えるのもよいでしょう。

筋肉を増やすためには速筋を大きくするのが効果的といいましたが、マラソンなど長距離を走る選手は遅筋が発達しており、逆に速筋を増やすことは体重が増えるので不利になります。健康のために適度な筋肉量は維持しておきたいですが、競技の特性によっても負荷のかけ方を考えてください。

どのエクササイズを選ぶか

本書に載せたエクササイズは50種類近くあります。もちろんすべてを1週間に2回やる必要はありません。部位ごとに1日1〜2種類だけのトレーニングメニューでも効果があります。

私が誰にでもおすすめするエクササイズは4つです。「**プッシュアップ（腕立て伏せ）**」「**クランチ（腹筋）**」「**スクワット**」「**タオル・ラット・プルダウン**」です。シンプルで自重筋トレの基本中の基本ともいえるものですが、だからこそ大切で効果も高いのです。それぞれ強さのバリエーションを用意しています。

各エクササイズには「運動の強さ」と「運動による効果」が書いてあります。自分の筋力レベルと目的とする効果を参考に選んでください。自重トレーニングは重さを変えにくいですが、エクササイズの種類を変えることである程度までは変更できます。運動の強さの★の数を参考に、もの足りなくなったら強い種類に変えていってください。基本的には部位ごとにラクなものから強いものへという順に並んでいます。

重さ×回数の考え方

各エクササイズには「回数×セット数」が書いてありますが、簡単にできるなら回数を増やしていけばいいでしょう（時間はそれだけかかりますが）。筋トレの重さと回数の関係については、筋生理学のクレーマーらが1988年にまとめた最大反復回数「**RM**（Repetition Maximum）」がよく知られています。

筋肉の最大能力で1回持ち上げられる負荷を1RMとして、何％の力で何回繰り返しできるかと、そのときの筋肉への効果を表したものです。筋肉を大きくするには、最大筋力の65％から90％くらいの力で18回〜5回行うとよいことがわかります。ただし、近年これよりも低い負荷でも限界まで回数を増やすと筋肉が大きくなることがわかっています（ミッチェルら2012年）。大切なことは**「つらいな」と感じるまでやる**ことで、強さを上げるか回数を増やすかはどちらでもかまいません。

セット間の休み時間については特に効果に影響がありません。とはいえ筋肉のエネルギーは2分半くらいあれば再供給されますので、それ以上休む理由はありません。

鍛える順番は大きな筋肉から

複数の部位のエクササイズをやる場合、どの部位からやればよいのかは順序が決まっています。**「大きな筋肉から小さな筋肉へ」**です。筋トレの目的はその筋肉の能力を出し切ることです。先に小さい筋肉の力を限界まで使ってしまうと、そのあと（その筋肉も関連する）運動で大きな筋肉に十分な負荷がかけられなくなってしまいます。また、最初は大きな筋肉を優先したほうが効率よく

1回の強さ	RM（回数）	効果
100％	1	
95％	2	筋力・神経系
93％	3	
90％	4	
87％	5	
85％	6	
83％	7	
80％	8	**筋力・筋肥大**
77％	9	
75％	10〜12	
70％	12〜15	
67％	15〜18	
65％	18〜20	筋持久力
60％	20〜25	

筋肉量を増やすことができます。そこで部位ごとの順番としては、基本的に次のようになります。

1　脚（大腿）・尻
2　胸
3　背中
4　腕（上腕）・肩（肩→腕の順）
5　腹

　最初に大腿の大きな筋肉（大腿四頭筋・ハムストリングス）をやります。次に上半身の大きな筋肉の胸（大胸筋）と背中（広背筋など）、続いて肩（僧帽筋・三角筋）から上腕（上腕二頭筋・三頭筋）で、お腹（腹直筋・外腹斜筋など）へと下りていき、最後に下腿や前腕をやります。自重だと複数の部位に効くこともありますが、例えば先にあげた4種類だと、スクワット（脚・尻）→プッシュアップ（胸と肩・腕）→タオル・ラット・プルダウン（背中と肩・腕）→クランチ（腹）の順になります。

速く、遅く

　最後にエクササイズの動きを速くするか、遅くするかで違いはあるのでしょうか。

　筋肉を速く動かすことにより、腱の持つゴムのような特性で「弾性エネルギー」が加わります。そのぶん筋肉や腱により負担がかかるので、筋肉への機械的刺激が大きくなります。一方、遅く動かすことは、筋肉への化学的刺激を大きくします。筋肉の収縮によって血管が圧迫されて血流が制限される→酸素が不足して乳酸が溜まる→成長ホルモンが分泌されてタンパク合成を促すのです。

　どちらも筋肉の成長を促しますが、**最初に速く**（機械的刺激でタンパク分解）、**そのあと遅く**（化学的刺激でタンパク合成を促進）の順で行うとより効果が期待できます。ただし、初心者はいきなり速く行うとケガをしやすいので、運動の動きに慣れてからこの方法をとり入れてください。なお、基準としては1〜2秒でひとつの動きを行うのが標準的です。

有酸素運動を加える

有酸素運動には直接脂肪を燃焼しエネルギーとして消費するという利点があります。脂肪が減っていく運動方法を筋トレに加えましょう。

筋トレ→有酸素運動で もっと脂肪を減らす

　筋トレには脂肪を「分解」する効果がありますが、「燃焼」する作用はありません。もっと脂肪を減らしたい人は、脂肪を燃焼する有酸素運動を加えましょう。両方やればさらに効率的に脂肪を減らせます。同じ日に行うとしたら、どういう順番がより効果的なのでしょうか。結論をいえば**先に筋トレ、そのあとに有酸素運動**が脂肪燃焼の効果が高いのです。

　筋トレをするとアドレナリンや成長ホルモンが分泌されます。その刺激による連鎖で「ホルモン感受性リパーゼ」という酵素が活性化し、脂肪は「遊離脂肪酸」と「グリセロール」に分解されて血液中に放出されます。遊離脂肪酸は血液によって筋細胞に運ばれ、燃焼されてエネルギーになります。

　有酸素運動によって新しく脂肪細胞を分解するには20分程度かかりますが、筋トレですでに血液中に遊離脂肪酸が存在していると、有酸素運動のはじめからすぐに利用することができます。運動で同じカロリーを消費しても、**脂肪由来の比率を高める**ことができるのです。

有酸素運動→筋トレでは どちらも効果が減る

　有酸素運動を一定時間以上やっても同様に脂肪が分解されます。ところが血液中の遊離脂肪酸が増えると成長ホルモンの分泌が抑えられます。そのため脂肪の分解が進まなくなります。

　そのあとに筋トレをやると、タンパク合成もあまり促進されないので筋肉を大きくできなくなります。有酸素運動によって筋肉中の糖質が消費されており、代謝による疲労感もあるので筋肉の能力を十分発揮できなくなります。脂肪を減らし筋肉を増やすどちらにとっても不利になりますので、筋トレ→有酸素運動の順番で行いましょう。

高齢者は食事による
タンパク合成の刺激が弱くなる

　筋細胞でのタンパクの分解と合成は常に同時に起こっています。「タンパク合成ータンパク分解」の式がプラスなら筋肉は作られ、マイナスなら筋肉は分解され、同じであれば筋肉量は維持されます。タンパク合成を促す刺激としては「強い運動」と「食事」の2種類があります。

　若い人が一定の食事をしていれば筋肉量をある程度一定に保つことができるのは、食事によって刺激されるタンパク合成があるからです。しかし、**高齢者は食事によるタンパク合成の反応が著しく小さくなる**ことが報告されています。高齢者は筋肉を増やすというよりも、筋肉を落とさないようにする意識が大切なのです。

有酸素運動は
タンパク合成を亢進する

　2012年にアメリカのティンマーマンらは、70歳前後のふだん運動を行っていない被験者6名に対し、食事の前に有酸素運動を行ったときと行わなかったときとで、その後の食事によるタンパク合成の違いを調べる実験を行いました。その結果、**食事の前に一定レベル以上の有酸素運動を行うと高齢者でもタンパク合成が高まる**ことがわかったのです。筋トレのように筋肉を増やせるわけではありませんがサルコペニアを防ぐには有酸素運動も効果があるのです。

　筋トレによって食事刺激でのタンパク合成が増加するとは、いまのところ報告されていません。ですから筋トレをやっている人でも、積極的に有酸素運動をとり入れることはおすすめなのです。筋トレは週2回が最適で、有酸素運動は週に5回程度が推奨されています。筋トレをしない日は有酸素運動をするとちょうどよさそうです。

食事を考える
~ダイエットと筋量アップのために

私たちの体を作っているのは私たちが食べたものです。筋肉を増やすにも脂肪を減らすにも、食べ物を考えることは体づくりと切り離せません。

三大栄養素の役割とカロリー

本書の目的としては筋肉を増やすことがまず第一です。次いで脂肪を減らすことも多くの方が望むことでしょう。この2点から食事を考えていきましょう。

筋肉を増やすためにはタンパク質をとること、脂肪を減らすには脂質を減らすことは容易に想像がつくでしょう。基本的にその考え方で間違いありません。もうひとつ三大栄養素には糖質（炭水化物）があります。あとは、その効果的な組み合わせと、とる時間を考えていけばよいのです。

三大栄養素と食べ合わせ

摂取したタンパク質を効果的に筋肉にするにはとり方にコツがあります。**糖質と同時にとると、タンパク質が筋肉にとり込まれやすくなる**のです。糖質をとると血糖値が上がるので、インスリンが働いてこれを細胞にとり込もうとします。そのとき血液中にタンパク質があるといっしょにとり込まれるので、効率よく筋肉を増やすことができます。

タイミングは**筋トレ後30分がベスト**です。インスリンが筋トレで糖質の枯渇した筋細胞に優先してとり

→ タンパク質	熱量 4kcal/g	筋肉の材料になります。タンパク質は20種類あるアミノ酸の集まりです。植物性よりも動物性タンパク質のほうが筋肉になるスピードが速いといわれています。
→ 脂質	熱量 9kcal/g	体を動かすエネルギーになります。体の中でホルモンをつくるのに必要なほか、魚の脂肪（DHAやEPA）は脂質代謝を助け血液を流れやすくするといわれています。
→ 糖質（炭水化物）	熱量 4kcal/g	体を動かすエネルギーになります。米や小麦などの主食、砂糖などの糖類です。強い運動のエネルギーはほぼ糖質でまかなわれます。余ると脂肪として蓄えられます。

込んでくれるのです。結果的にタンパク合成は促され、糖質は脂肪細胞には回りにくくなります。脂肪を気にする人でも、筋トレ後に限り甘いものはOKなのです。

糖質＋脂質はぜったいNG！

脂質に関しては普通に食事をしていれば調理油や肉に含まれるもので十分なので、基本的に極力とらないようにします。特に**危険なのは糖質と脂質をいっしょにとること**です。タンパク質のところでインスリンの働きを説明しましたが、糖質をとって血糖値が上がったときに血液中に脂質があると、こんどは脂質が脂肪細胞に取り込まれやすくなるからです。糖質＋脂質の食べ物といえばケーキなどの洋菓子、カレーライス、ラーメン、ピザ、デニッシュパンなどです。太りやすいといわれている代表的な食べ物ですよね。

このように糖質はとり方によってまったく違う働きをします。ただ減らせばいいといものではなく、糖質が不足すると体は先に筋肉を分解してエネルギーにしようとしますので、かえって筋肉を減らすことになります。糖質は筋トレ後にタンパク質といっしょならOK、脂質ととるのは常にNGと覚えておきましょう。

食品に含まれる
栄養素のバランスを気にしよう

1日に必要なタンパク質の量は体重1kgに対して約1gです。65kgの人なら約65gですが、筋トレをして増やしたい人はその1.5倍、つまり100g程度を目安にしましょう。肉ならば簡単にとれそうな気がしますが、注意点があります。カロリーの高い脂質もいっしょにとってしまうことです。

例えば和牛ヒレ肉は生100g中でタンパク質が19.1gに対し、脂質が15.0gあります（あとはほぼ水）。タンパク質100gのために76gの脂質を同時にとることになります。油で調理するとさらに跳ね上がります。茹でた鶏のささみだとタンパク質が27.3g、脂質が1.0gです。文部科

学省で肉の部位・調理法ごとに細かく食品成分表が公開されていますが、総じてタンパク質の量は「豚鶏＞牛」、脂質の量は「牛＞豚＞鶏」、カロリーは「牛豚＞鶏」の傾向があります。理想の体づくりにはどれをとるべきかを選びましょう。

プロテインをとる

タンパク質だけを確実にとるために最も簡単なのはプロテインです。イメージからはマッチョな人のための特殊なサプリメントという先入観があるかもしれませんが、実際は純粋にタンパク質だけを粉状にしたものですから、**栄養価の高いまったく安全な栄養補助食品**です。むしろ食事の量が減って筋肉が減ってしまう高齢者にこそおすすめといえます。少量の糖質といっしょにとるとよいでしょう。なお、タンパク質は一度に摂取しても体が処理できるのは20gまでなので、3時間ごとくらいに1日に小分けにしてとるようにします。

アルコールは筋肉にどうなの？

お酒を飲む人はアルコールの筋肉への影響も気になるところでしょう。はっきりいえば、筋肉にとってはよくありません。筋肉をつくる**タンパク合成を低下させる**働きがあります。そもそもアルコールは体にとって毒です。消毒の際に吹き掛けるのはアルコールです。菌を殺す作用があるので、当然細胞の機能も低下させます。具体的には、肝臓で解毒するために栄養素を消費して、筋肉や他の器官に使う量が減ってしまうのです。

アルコール自体のカロリーは発熱で消費されてしまうのですが、食欲を増進するので、つまみが高カロリー高脂肪だと問題になります。またワインや日本酒などの醸造酒には味の要素として糖質が残されており、カクテルなどの甘いお酒も当然糖質を含みます。**脂質といっしょにとらないように**注意しましょう。

とはいえ、適量のお酒は精神をリラックスさせ、特定の疾患のリスクを下げるという報告もあります。筋肉のためにあまりに制限しすぎるのもストレスですので、適量を守ってたしなみましょう。

Keep on training and smiling.

Higa Kazuo

比嘉一雄

1983年生まれ。
福岡出身。CALADA LAB.代表。

早稲田大学スポーツ科学部卒業後、東京大学大学院へ進学。筋肉研究の第一人者である石井直方氏の研究室に在籍し、筋生理学・ダイエットについて学ぶ。「研究」と「現場」を融合させるハイブリッドトレーナーとして活動。科学的根拠を基にした「えびすメソッド」をベースに、運動と栄養、両方の側面から、ダイエットやトレーニングを指導。パーソナルトレーナーとして月間200本のセッションを行い、多くのクライアントのからだづくりをサポート。新聞、雑誌の連載、著書出版、テレビ出演なども行う。著書に『痩せる筋トレ　痩せない筋トレ』（ベスト新書）、『自重筋トレ100の基本』（枻出版社）など。大前研一氏が主宰するビジネスブレイクスルー大学をはじめとし多くのセミナー活動を行っている。
http://ameblo.jp/enhance-enhance/

[カバーデザイン]	藤井耕志(Re:D Co.)
[本文デザイン・DTP]	藤井耕志(Re:D Co.)
[筋肉CGイラスト]	奥山正次(デキサ)
[撮影]	BOCO(株式会社HABA)
[イラスト]	小林コージ

効く筋肉が見える 筋トレ図鑑
自重トレーニングで30才の体を取り戻そう

2015年8月20日　初版　第1刷発行
2016年7月10日　初版　第2刷発行

[著者]	比嘉一雄(ひがかずお)
[発行者]	片岡　巌
[発行所]	株式会社技術評論社
	東京都新宿区市谷左内町21-13
	電話　03-3513-6150：販売促進部
	03-3267-2272：書籍編集部
[印刷／製本]	図書印刷株式会社

定価はカバーに表示してあります。

本書の一部または全部を著作権法の定める範囲を超え、無断で複写、複製、転載あるいはファイルに落とすことを禁じます。

©2015　CALADA LAB.

造本には細心の注意を払っておりますが、万一、乱丁(ページの乱れ)や落丁(ページの抜け)がございましたら、小社販売促進部までお送りください。送料小社負担にてお取り替えいたします。

ISBN978-4-7741-7398-6 C2075
Printed in Japan